怪談怖気帳《かいだんおぞけちょう》
屍人坂《しびとざか》

黒木あるじ

竹書房
怪談
文庫

前口上　聞くも怖気、語るも怖気

長かった災禍も、ようやく収束の気配を見せはじめたようです。

日常が戻ってきたとあっては動きたくなるのが人の常。私が暮らす山形でも、一昨年の秋あたりから催事が次第に増えはじめ、私もここ二年ばかり図書館や公民館へ招かれては、怪談語りの機会をあまた頂戴してまいりました。

さて――そのような講演の類というのは、得てして最後に質疑応答の時間が用意されているものです。けれども此方は単なるお化け屋、専門的なことを問われたとて答えられるはずもありません。どうすべきか悩んだすえ、私は「逆に訊けばいいのだ」と閃きました。

「ご自身や家族の不思議な体験を、ぜひこの場で披露してもらえませんか」

毎回そのように問いかけたところ、ありがたくも各会場ともに二、三名、多いときは七、八名の方が手を挙げ、突然の指名に戸惑いつつも奇妙な話を披露してくれたのです。

そんな数々の体験談を、私はノートへ書き留めていきました。辞書ばりの分厚さが気に入って買いもとめ、思いつきで【怖気帳】なる題字を表紙に記したノートです。
この秋、ぶじに【怖気帳】最後の一頁が埋まりましたゆえ、「自分ばかりが愉しむのでは勿体ない。ここはひとつ逸話を選りすぐって紹介しよう」との思いから、二〇二一年から二〇二三年にわたる〈奇録〉を一冊にまとめてみた次第です。読者諸兄姉にも場の雰囲気を味わっていただきたく、本書は各話を口語で綴り、日時や場所などの情報も付記してみました。いずれも荒けずりで生々しく、どこか懐かしさを帯びた、けれども奇妙な話ばかりです。お読みいただくうち、あたかも対面で耳を欹てているような錯覚に陥ってもらえたなら、まことに嬉しく存じます。

取材に際しては、内田書店本店、NHK仙台放送局、NHK山形放送局、株式会社FM山形、gatta!編集部、上山市立図書館、小松クラフトスペース、白鷹町ハーモニープラザ、新庄市立北高等学校、新庄市立図書館、ZERO☆23編集部、高畠熱中小学校、高畠町立図書館、東北芸術工科大学校友会、戸田書店山形店、中山町立図書館、東沢コミュニティセンター、東根市まなびあテラス、福島県立博物館、ブックユニオンたかはた、山形国際ドキュメンタリー映画祭、山形県立図書館、山形市少年自然の家、山形市中央公民館、山形市立図書館、山形新聞株式会社、山形美術館、山寺芭蕉記念館、遊佐町立図書館、（以上、五十音順）の関係者各位ならびに、話者のみなさんよりご協力いただきました。

この場を借りて篤く御礼申しあげます。

では——そろそろ最初の頁をめくるとしましょうか。

どうか怖気に震えつつ、お愉しみくださいますよう。

【怖気帳】(筆者撮影)

※本書は体験者および関係者に実際に取材した内容をもとに書き綴られた怪談集です。体験者の記憶と主観のもとに再現されたものであり、掲載するすべてを事実と認定するものではございません。あらかじめご了承ください。
※本書に登場する人物名は、様々な事情を考慮してすべて仮名にしてあります。また、作中に登場する体験者の記憶と体験当時の世相を鑑み、極力当時の様相を再現するよう心がけています。今日の見地においては若干耳慣れない言葉・表記が記載される場合がございますが、これらは差別・侮蔑を助長する意図に基づくものではございません。

怪談怖気帳 屍人坂

目次

2023

2021

めがねのこ

【日時と場所／二〇二一年八月九日・山形県立図書館】
【話者／中学生男子：講演「郷土やまがたの怪談」参加者】

ええと、ぼくは市内の[redacted]町に住んでいます。お父さんの従兄《いとこ》の家も近所なんですが日中は共働きで不在なので、六歳の再従弟《はとこ》がしょっちゅう遊びにくるんです。

それで、ぼくの家は母屋と古い蔵が渡り廊下でつながっているんですけど、その蔵に再従弟がときどき入ろうとするんですね。

父から「あの蔵にはいろいろなものがあって危ないから、大人になるまで入るなよ」と言われていたので、再従弟にも「そこは入っちゃダメだよ」と止めたんです。そしたら、「いつも蔵にいる男の子と遊びたいんだもの」って怒るんですよ。

はい、我が家はぼく以外に子供なんかいません。

驚いたけど、ちょっと面白かったので「どんな子なの」って訊ねたら「メガネをかけた髪の短い子だ」って。その子が、蔵の入り口で手をぶんぶんと振っているんだそうです。「これで遊ぼう」と、握りしめた小芥子《こけし》みたいな木の人形を見せてくるらしいんです。

その小芥子、猿の顔をしているというんです。

顔の半分くらいもある丸い目の猿だっていうんです。

ぼくがなにも言えずにいると、再従弟はニコニコしながら、

「たまにね、男の子も小芥子とおんなじ、お猿さんの顔になるんだよ」


ちいさい子の言ってることだし、真剣に聞くのもバカバカしいとは思うんですけど——

なんだか気になったので、今日は専門家に質問できるかもと思って参加しました。

蔵にいる〈メガネの子〉は良いモノですか、それとも悪いモノですか。あと、猿の顔の小芥子って、わりと普通にあるんですか。ぼくは、どうすればいいですか。

よまいだち

【日時と場所／二〇二一年八月九日・山形県立図書館】
【話者／県内在住の四十代男性：講演「郷土やまがたの怪談」参加者】

高校生の時分、インターネットの大型掲示板に入り浸《びた》っていた時期がありまして。いまどきの若い方は信じられないでしょうが、顔も名前も知らない誰かと雑談や議論が交わせるというのは本当に革命的だったんですよ。とりわけ私を夢中にさせたのは心霊や怪談などオカルト全般をあつかう掲示板でした。それまではテレビやラジオ、雑誌でしか楽しめなかった怖い話が無尽蔵に投稿されるんです、楽しくないわけがありませんよね。

だから、はじめは閲覧するだけで満足だったんです。でも、そのうち「自分も怖い話を投稿したいな」って欲が出てきまして。とはいえ他人を戦慄させられるようなネタなど持ちあわせてないし、一から創作する才能も皆無だし――と、半ば諦めていたんです。

高校二年の夏、真夜中でした。

いつもどおり、音楽を聴きながらパソコンモニタを眺めていると——音が聞こえて。

私の部屋はそこそこ広い和室で、窓のすぐ向こうが庭なんです。その庭を誰かが歩いているんですよ。さく、さく、と土を踏む音がするんですよ。

ビビりつつ窓を開けて確認したものの、誰の姿も見あたりませんでした。

空き巣かも——なんて警戒はしませんでしたね。なにせ、周囲は田んぼしかないような田舎ですから、おおかた野良猫かタヌキなどの野生動物だろうと思ったんです。

それで「お化けだったら良かったのに」なんて冗談半分で思いつつ、窓を閉めた瞬間に閃きまして。はい、怖い話です。掲示板です。

だって「たったいま、変な足音がしてます」と投稿する絶好の機会じゃないですか。

ただ、ありのまま書いても「泥棒じゃないの」「動物でしょ」と一蹴《いっしゅう》されて終わりそうな気がしたんですよ。みんな、ありふれた話は読み飽きているでしょうからね。

そこで私は〈因習〉や〈禁忌《きんき》〉を書き加えて、食いつきを良くしようと考えました。

まあ、要するに盛ったんですね。身も蓋もない言い方をするなら「ウケれば勝ち」という発想だったわけです。

足音に続いて、不穏な歌詞の童唄《わらべうた》が聞こえた——。

そういえば、地元には人柱《ひとばしら》の伝承が残っている——。

そんなデタラメを足してそれらしい文章を書きあげましてね。いよいよ投稿しようとマウスを動かして、送信ボタンにカーソルを合わせた——その直後に。

ＣＤが、ぶつん、と止まって。

驚いてマウスから手を離したら、部屋の襖《ふすま》がばたたたたたと震え、そのうちの一枚がはずれて、私へ倒れかかってきたんですよ。

正直、恐怖よりも「やったぜ」という気持ちでしたね。ええ、内心では音楽が止まったのも襖が倒れたのも、単なる偶然だろうと思っていたんですよ。

「いまの出来事を書き足せばリアリティが増すな」なんてほくそ笑みつつ、ひとまず襖を戻そうとして——思わず「あ」と声が漏れました。

私の部屋の襖は内側に二枚、外側に二枚が嵌《は》まっているんです。〈引き違い〉って造りで、手前と奥に襖を滑らせる溝が二本あるんですよ。

なので、部屋の手前にある襖だったら内側に倒れてもおかしくないけど、外に面した襖は構造上、こちらに倒れようがないんですよね。

でも、はずれたのは外側の襖なんですよ。
「あ、これは叱られたんだ」と悟って、書きあげた文章をすぐに削除しました。
それ以来、自分で投稿しようと思ったことは一度もありません。

そうそう、この話にはちょっとしたおまけがあるんです。
社会人になってから、ああいうタイプの襖を〈四枚立ち《よまいだ》〉と呼ぶことを知りましてね。
そのとき「なるほど」と腑《ふ》に落ちたんですよ。
あの襖は世迷断ち《よまいだ》──つまり、私の世迷い言を一刀両断してくれたのかもしれない
──なんてオチは、すこし出来すぎでしょうかね。盛ったと思われますかね。
高校時代の自分なら、喜んでネットに書きこんだと思いますけど。

足の踏み場

【日時と場所／二〇二一年八月九日・山形県立図書館】
【話者／県内在住の五十代男性：講演「郷土やまがたの怪談」参加者】

十年ほど前に叔母が大病を患《わずら》い、[redacted]市の総合病院に入院しましてね。彼女は身寄りのない人だったもので、甥である私が何度もお見舞いに行っていたんですよ。

そしたら——叔母の部屋を、どたん、どたんと誰かが歩くんです。歩くというよりは、足を激しく踏み鳴らして急《せ》かすような音に近いかもしれないです。

もちろん生身の人じゃありません。叔母が入院していたのは個室だし、おまけに足音はベッドの下や壁の高い位置、しまいには天井あたりからも響いていましたから。

おまけに、ひとりじゃないんです。複数の足踏み——たぶん七、八人くらいかな。まあ、私だけなら幻聴の可能性もありますが、一緒に病院へ行った息子も聞いていますんで。

当の叔母ですか。「なんだか騒々しい病院だよねえ」とは言ってましたが、なにぶん病が重かったもので、音の正体には気づいていませんでしたね。なので私も「上階の人たちの足音じゃないの」なんて、いたずらに怖がらせないよう答えていました。

叔母の病室、最上階なんですけどね。

上にあるの、立ち入り禁止になっている屋上なんですけどね。

結局、叔母はまもなく亡くなりました。なので、個人的には場所に原因があると思って「自分が病気になっても、あの病院は避けておこう」と考えていたんですが——。


翌年、母が別の総合病院に入院しまして。

結局、治療の甲斐なく旅立ってしまったんですけれども、私は最期に立ち会えなかったもので、亡くなったあとに看護師さんへ改めてお礼を述べたんです。

「おかげさまで、母も寂しがらずに逝けたはずです」

みなさんが懸命にお世話してくれたおかげで——という意図で言ったんですが、年長の看護師さんが「あれだけ多くの方がお見舞いに来たんですもの、寂しくなかったはずですよ」と言うんです。

「いつも二、三人の足音が病室から聞こえて、にぎやかでしたもんね」

曖昧《あいまい》に頷《うなず》くだけで、返事はできませんでした。

だって、お見舞いに行ってないんですから。ちょうど私の経営する店が忙しい時期で、家族も手伝いに駆りだされて誰も訪問できなかったんですから。

ええ、どうやら足踏みの原因は病室じゃなく、我が家にあるみたいなんですよ。

母方の人間ばかりに起こるので「過去になにかしら遭ったんだろう」と思うんですが、理由をたしかめる気にはなれず。だから、なるべく考えないようにしています。

まもなく自分も母や叔母が逝った年齢になります。

おかげさまで現在のところは健康ですけど、もしも自分が入院することになったら——足音、聞いてしまうんでしょうかね。

とるなかれ

【日時と場所／二〇二一年八月九日・山形県立図書館】
【話者／県内在住の六十代男性：講演「郷土やまがたの怪談」参加者】

三十年ほど前、青森県の恐山《おそれざん》に行きまして。

草木ひとつ生えてないという景色をひとめ見たかったんです。いや、息を呑みました。風車とか地蔵とか卒塔婆《そとば》とか、まさしくあの世の風景でしたね。

いまは恐山も自由に撮影できると人伝《ひとづ》てに聞きましたが、本当でしょうか。私が訪ねた当時は境内の数ヶ所が撮影禁止だった記憶があるんですよね。死者を敬う場所ですから、当然といえば当然なんでしょうが——実は私、その禁を破ってしまいまして。

ええ、持参のビデオカメラで境内を撮影したんですよ。

それまでの道中もいろいろ撮っていたので、本命の恐山も記録に残したかったんです。まあ、正直に言いますと「なにか怪しいものでも映らないかな」という下心もありました。なんとも汗顔《かんがん》の至り、いまとなっては反省するばかりですが。

でも、撮影したのは二、三分程度なんですよ。境内を撮ってから、賽《さい》の河原《かわら》と呼ばれる川べりの橋をわたり、極楽浜から見える湖をおさえて録画を停止したんです。

いやあ、観るのが楽しみでね。旅行を終えて自宅へ戻るなり、さっそくビデオカメラをテレビにつないでテープを再生してみました。

すると ね──撮れていたんです。

私以外に誰もいなかったはずなのに、呻《うめ》き声が収録されているんです。

（どのような声だったかと訊ねる私に、話者が唇をきゅっと閉じたまま唸《うな》ってみせる）

んうう、んううう、んうううう──こんな感じです。女の人っぽい声でしたから、実際にはもっと高いトーンだったと思いますが。

しかも、しかもですよ。その声が近づいているんです。

賽の河原を撮っているときはけっこう遠くで聞こえていたはずが、橋をわたるころには背後で唸っているんです。んううう、って。それで、湖が見えたと同時に「んおおッ」と悲鳴みたいな声が大音量で聞こえて、そこでテープが終わるんですよ。

怖さよりも「面白いものが撮れたぞ」って喜びのほうが大きかったですね。

だから私ね、勤め先の同僚たちにビデオを観せたんです。自慢できると思って。

反応はさまざまでした。もちろん「これはヤバいよ」と青ざめる人もいたんですけど、たいていの社員は「風の音じゃないの」と鼻で笑ったり、「全然怖くないよ」なんて最初から作り物と疑ってかかる人間もいましたね。

でも、ひと月も経つころには職場の全員が信じてたんじゃないかなと思います。

観た人、次々と病気や怪我になっちゃったんですよ。

私は、どういうわけか無傷でした。なぜでしょうかね、理由は判りません。

で、上司に「きちんと供養しろ、迷惑だ」と叱られたもので、さすがに私も反省してお寺でテープをお焚きあげしてもらおうと考えたんです。

はい、[redacted]寺です。山形のお寺だったらあそこが一番有名だなと思って。

ところが、ご祈祷所へ行って「すいません、こちらで……」まで言うなり、受付にいたお坊さまから「当山では、そのようなものはいっさい預かっておりません」と強い調子で断られてしまいまして。

鞄からテープを取りだしてもいないのに、あれは驚きました。

「お寺なんだから困っている庶民を救ってくれても良いでしょう」と抗議したんですが、

もう取りつくしまもない感じで。仕方なくテープを持ち帰って、上司には「おかげさまでお祓いが済みました」とごまかしておいたので、その後は追求されませんでしたね。

あ、そのテープですか。

「口外しない」という条件付きで、知りあいの紹介してくれたお寺へぶじに納めました。いや、迂闊《うかつ》なことにダビングしないままだったんですよね。「複製しておけば、いまごろユーチューブにアップできたな」と、すこし残念なんです。いえいえ、反省はしてますよ。二度とあんな真似はしないつもりです——たぶん。

〈筆者注：恐山は青森県むつ市にある活火山で、充満している亜硫酸ガスのために植物がほとんど生えず、独特の景観を有している。湖畔にある恐山菩提寺は日本三大霊場のひとつに数えられており、毎年七月におこなわれる大祭では、イタコの口寄せもおこなわれている。ちなみに恐山は現在も、宿坊ならびに本堂と地蔵殿の堂内は撮影禁止である〉

おがあの兆し

【日時と場所／二〇二一年八月九日・山形県立図書館】

【話者／県内在住の六十代男性：「郷土やまがたの怪談」参加者】


私、[redacted]市でプリント屋を営んでまして。

シルクスクリーンって工法で、Tシャツやブルゾンにロゴやエンブレムを刷るんです。自宅脇に工房があるばかりのちいさな店ですけど、なんとか二十年以上続いてます。

それで——たしか、十年くらい前の夏だったかな。

工房で仕事をしてたら、赤ん坊の泣き声が外から聞こえるんですよ。

はじめは「近所の赤ちゃんかな」と思ったんですけど、それにしてはちょっと変な声で。リズムというんですかね、泣いては止んでの間隔が人間っぽくないんです。

「じゃあ、猫かな。でも猫の発情期って過ぎたよな」なんて首を捻《ひね》りながら、ひとまず外に出てみたんですよ。いや私、猫が好きなもんだから。撫でようと思って。

そしたら、人間でも猫でもなくて——鴉《からす》でした。

一羽の鴉が工房近くの電線に止まって、おがあ、おがあ、と鳴いてたんです。勝手なもんでね、猫じゃないと判ったとたんに声が不気味に思えてきちゃって。だから私、追っぱらおうと手を叩いたり大声をあげてみたりしたんです。ところが鴉のやつ、逃げる様子もなくて。一点を睨《にら》んだまま鳴き続けてるんですよ。視線の先を辿ったら、道路向かいにあるアパートの一階あたりをじいっと凝視してる。その目になんとなく引っぱられちゃって、私も部屋のドアを見てたんです。するとサイレンの音が近づいてきてね。「なんだなんだ」と驚いてたら、救急車が角を曲がって近づいてくると、赤色灯をまわしながらアパートの前で停まったんですよ。そうです。鴉が睨んでたあの部屋に、救急隊員が入っていったんです。

あとで近所の人に聞いたら、そこに住んでる若いお母さんが亡くなったそうで。お子さんが一一九番に連絡したのか、アパートの住人が気づいたのかは知りませんが、救急車が到着した時点で手遅れだったみたいです。

まあ、そのときは「可哀想だな」と思って、それで終わったんですけど。

半年ほど経った、冬のことです。

深夜に目が覚めましてね。私は眠りが深いほうなんで、いつも朝まで熟睡するんですよ。だから「どうしてこんな時間に起きたんだろう」なんて布団のなかで思ってたら。

おがあ――って、声が。

鴉が鳴いてるんです。たしかに、あの不気味な声なんです。

時計を見たら午前一時でした。鳥目なんて言葉があるくらいだから、普通は鳥って夜に活動しないと思うんですけどね。

いや、最悪の気分でした。「あの声で目が覚めたのか」と思ったら憂鬱になっちゃって。無視して眠ろうと目を瞑《つむ》ったんですが、そのうち鳴き声がだんだん大きくなってきて、ついには我が家の屋根に降りたんですよ。ウチは古いトタン屋根なんで、足音がカンカン響くんです。どのあたりにいるか、位置が判るんです。

鴉のやつ、どう考えても私の真上にいるんですよ。

寝床を中心に、大きな輪を描くみたいにカンカン跳ねながら屋根を歩いてるんです。

子供っぽい考えですけど、そのときは「こいつ、死神じゃねえのか」と思いましたよ。あのアパートのお母さんみたいに、自分の魂を奪いにきた――本気でそう感じたんです。だから私、心のなかで「帰れ、帰れ」って必死で念じて。

そしたら鴉の声が変わって。おがあ、おがあって鳴かずに、低い声で、かう、かう、と鳴きはじめたんです。まるで笑ってるみたいでね。それはそれで薄気味悪いんですよ。それが――十分くらい続いたのかな。ふいに鳴き声が止まって、気配も消えて。だから「ああ、死神が帰ってくれたな」と安心して、もう一度寝たんですね。そしたら――。

次の日に工房が焼けました。

ダルマストーブの燃料が切れたもんで、ポリタンクを運んできて給油ポンプで灯油を入れようとしたんです。ところがタンクの注ぎ口に挿していた給油ポンプのチューブが突然はずれて、灯油をもろに被っちゃったんです。悪いことに、ストーブの火種が残っていたみたいで、ごおっと燃えあがってしまって。

もう必死ですよ。売り物のシャツでバンバン火を叩いてなんとか消しとめたんだけど、私はジャージを着てたもんで生地が皮膚に貼りついちゃって。

面白いもんで、ああいう非常事態って痛みは感じないんですね。私は、火事を出さずに済んだ安堵感で放心してました。すると――おがあ、と声が聞こえて。

それを聞いた瞬間、「あっ」と悟ったんです。

あの野郎は死神じゃなくて、死の予兆を知らせていたんじゃないか。

昨晩は「そのままだと死ぬぞ」って教えてくれたんじゃないか。
アパートのときも、すぐに駆けつければお母さんは助かったんじゃないか。
いや、真相なんて判りませんけどね。でも——そんな気がしてならないんですよ。
はい、火傷痕《やけど》は残ってます。よく見ると、羽根を広げたカラスっぽい形なんですよね。
まあ、それはさすがに偶然だと思いますけど。
鴉ですか。いいえ、あれから一度も来てません。

あーははは

【日時と場所／二〇二一年八月十四日・福島県立博物館】
【話者／福島県在住の十代女性：講演会「みちのく怪談の魅力」参加者】

中学校のとき、部活が終わったあとに同級生や後輩数名とトイレに寄ったんです。用を足したい生徒は個室に入って、それ以外の子は洗面台のところでお喋りしてました。

私も個室でメールを打ってたんですけど、急に洗面台の前にいた子たちが「えっ、なになに」とか「やだ、怖い」とか「やめてやめて」とか口々に叫びはじめて。

最初は「ゴキブリでも見つけてパニくってるのかな」と思ったんです。だから「なに、虫？」と声をかけたんですが、誰も気づかずにぎゃあぎゃあ騒いでるんですね。

そのうちドアが開いて、いっせいに廊下を走り去っていく足音が聞こえたので慌てて自分も個室から出たんです。でも、虫とか別に見あたらなくて。

わけが判らないまま玄関まで行ったら、みんなは下駄箱の前で身を寄せあってました。「どうしたの」と訊ねるなり、逆に「なんなの、あの声？」と言われて。

私の個室から「あっは、あっは」って笑い声が聞こえたというんです。

ひとりが「なにウケてんの?」って訊いたけど私から返事はなくて、かわりに笑い声が「あっはは、あっはは」と大きくなって、最後のほうは「あーははは、あーはははは」とスロー再生みたいな大声になったらしくて。

「だから〝あいつヤバいよ〟って逃げちゃったんだよね」

でも私は笑ってないし、そんな笑い声もまったく聞こえなかったんです。

おかげでそのあと、しばらく同級生と微妙な距離感になっちゃって。卒業前には普通に話すようになりましたけど、内心では「私の所為《せい》じゃないのに」とモヤってました。

いまでもなんだか理不尽な気がして、強烈に憶えている出来事です。

みえてますよね

【日時と場所／二〇二一年八月二十一日・東根市まなびあテラス】

【話者／天童市在住の五十代男性：ひがしね百物語「山と峠――関山よもやま」参加者】


（開演前にトイレへ行こうとした私を呼び止めて）

あの、今日はウチの母ちゃんに「関山《せきやま》の怪談だったら、あんたの話も聞いてもらえ」と言われたもんで、はじめてこちらにお邪魔したんです。

（筆者注：この日のイベントは、山形・宮城の県境に位置する関山峠をテーマに、出没の噂が絶えない「母子の幽霊」について考察するという内容だった）

ところが私、参加には事前予約が必要だと知りませんで。さっき受付で聞いたら「新型コロナの感染対策で飛び入りは難しい」と言われてしまって。なので、よろしければ話だけでも聞いていていただけますか。

はい、昭和五十三年の秋に私の叔父が遭遇したんです。関山で。お化けと。

その年の春に、宮城で大きな地震があったんですよ。

叔父は世話焼きなもんで、仙台に住む高齢の親戚を心配していましてね。ちょくちょく家を訪ねては、崩れた石塀の修繕や食料の買い出しなどを手伝っていたんです。

その日も叔父は親戚の家を訪問し、老人では難しい用事を代わりにこなしていました。なんやかやと注文が多かったようで、仙台を発つころには夕方になっていたそうです。

日がだんだんと暮れていくなか、叔父は天童《てんどう》市の自宅へ車を走らせていたんですが――関山峠の長いトンネルが見えはじめたあたりで、妙なことに気づきまして。

バックミラーに映る背後の景色が、やけに暗いんですよ。

「もうそんな時間だっけ」と思いながら前方へ目を遣ると、空にはまだ西陽が残っている。どういうことだと首を捻り、再びバックミラーに視線を移したら――。

女の人が後部座席にいるんです。

バックミラーの真正面、ちょうど運転席と助手席のあいだ――と言ったら、だいたいの位置を判ってもらえるでしょうかね。そこに、長い髪の女が前屈みの姿勢で、乳飲み子を胸に抱きながら座っていたというんです。

むろん叔父は誰も乗せていません。親戚宅を出てノンストップで走っていましたから、乗れるはずがないんです。まんがいち赤信号で無理やり乗りこんできたとしても、普通はドアが開閉する音で気づきますよね。

叔父もたいそう驚いたようですが、トンネルの手前なので簡単には停まれない。だから「なにかの見間違いだろう」と必死で自分に言い聞かせ、車を走らせたんだそうです。するとトンネルに入った直後——背後の女が俯《うつむ》いたまま身をよじらせて、

「みえてますよね」

かぼそい声で叔父に語りかけてきたらしいんですよ。

言葉の意味も判らないし、迂闊に答えるのもなんだか恐ろしくて、叔父はじっと口を噤《つぐ》んでいました。けれども女はあいかわらず、

「みえてますよね、みえてますよね」

何度も何度もおなじ科白《せりふ》を繰りかえす。

とうとう堪らなくなって、叔父は無言で首を横に振ったそうです。「見えていません」というメッセージのつもりだったんでしょう。と、その途端。

女が赤ん坊を足許の床にどすんと放りなげ、運転席の背もたれを乗りこえて、

「みえないなら、いらないですよね」

背後から叔父の両目に細い指をぐいぐいぐいぐいと挿《い》れてきたんですよ。

叔父はパニックに陥りながらも、「事故だけは起こすまい」と強くハンドルを握りしめ、微かに見える視界をたよりにアクセルを踏み続けました。

まもなく車がトンネルを抜け、慌てて路側帯に停車した——次の瞬間。

眼球を潰そうとしていた指の感触が、ふっと消えて。

振りむくと、後部座席には誰の姿もなくて。

なかなか足の震えが止まらず、しばらくはアクセルを踏めなかったそうです。

と——そんな話を小学生の時分、その日のうちに聞かされまして。
ええ、叔父はまっすぐ帰宅するのが怖かったみたいで、私の家に立ち寄り「ついさっき、こんなことがあったよ」と、私の父へ教えにきたんです。口下手な叔父が、血相を変えて喋り続けていましてね。それが、子供心にいちばん怖かったですよ。
あの——今日は関山峠の幽霊に関するイベントなんですよね。でしたら、いまの話をお客さんに語っていただけますか。父も叔父もすでに亡くなり、この出来事を知っているのは私だけなんです。あの日感じた怖気を、みなさんにも共有してほしいんです。

どうか、よろしくお願いしますね。今度は、ちゃんと予約してから来ますんで。

（筆者注：話者が語った地震は、一九七八年六月に発生した「宮城県沖地震」と思われる。最大震度五を記録したこの地震では、仙台市内でガスタンクが炎上したほか、老朽化した塀の倒壊や地盤崩壊、液状化現象などで大きな被害が生じた。死者は二十八名。そのうち十六名が崩れたブロック塀の下敷きとなり死亡している）

ヤマチャリ

【日時と場所／二〇二一年八月二十一日・東根市まなびあテラス】
【話者／東根市在住の四十代男性：ひがしね百物語「山と峠――関山よもやま」参加者】

十年くらい前、兄貴が知人のライブを観に行くとかで仙台へ出かけたんですよ。仕事が終わってから駆けつけたんで、わりと遅めの時間に東根《ひがしね》を車で出発したんですけど。はい、さきほどから話題の関山峠を行き帰りに利用したみたいです。山形市民は仙台へ行くのに高速道路を使いがちですけど、東根からだと関山のほうが早いんですよね。で、自分は普通に夕飯食べて風呂入って寝たんですけど、そしたら明け方近くに兄貴がようやく帰宅するなり、私を叩き起こして「俺、変なモノ見た」と連呼するんですよ。最初は「まさかライブで酒飲んできたのかよ。飲酒運転じゃん」と怒ったんですけど、どうやら酔ってはいないみたいで。そこでひとまず水を飲ませて、落ちつかせたところで「なにがあったのか、順を追って説明しろ」と話を聞いたんです。

半日前の夜——兄貴は小雨の降る関山峠を、車で走っていたんだそうです。

ところが、長いトンネルを越えた先の赤信号に引っかかり、かなり長い時間停められてしまったらしいんですね。

ただでさえ発つのが遅れたのに、こんな場所で時間を食っていたら知りあいのライブに間にあわない。苛立ちのあまり、兄貴は「信号無視をしちまうか」と悩んだようで。あたりは無人の山奥、おまけに車もほかにいない。じゃあ通過しても問題ないよな——そう考えたみたいです。いや、駄目なんですけどね。大問題なんですけどね。

でも兄貴は結局、信号無視をしなかったんですよ。

進もうとした直後、反対車線から人らしきシルエットが近づいてきたんですって。

自転車に乗った女の人が、子供を後ろに乗せて小雨の山道を走っているんですよ。

風雨で長髪が顔に貼りついていて表情は見えなかったらしいんですけど、それが却って不気味で。子供もじっと俯いていたそうで。

兄貴、ブレーキを踏んだまま固まっちゃって。

こんな時刻に、こんな場所で自転車？　しかも子供連れで？　この先は歩道もない長いトンネルだぞ？　トンネルを抜けると人里のない山中だぞ？　そんな人間いるか？

それって――本当に人間か？

「そう考えたら怖くなっちゃってさ。だからハンドルを握って俯いたまま、自転車が通り過ぎるまで何分も待ってたんだよ。いや、本気でビビったわ」

血の気が失せた顔で告げる兄貴を――私は「馬鹿じゃないの」と笑いました。

「あのな、どれだけ山奥だってチャリに乗った人くらい居るだろ」

「でも、マウンテンバイクじゃなくて普通のママチャリだぞ」

「そんなの、ママチャリで帰宅する途中だっただけでしょ」

「でも、でも帰ってないんだよ」

「は？」

「その親子、帰りもおなじ場所を走ってたんだよ」

「は？　は？」

自転車の親子を遣り過ごした兄貴は、ひとまず仙台に向かったんですって。ライブには行かなきゃいけないし、いま引きかえしたらあの母子と遭遇すると思って。

で、ライブハウスで盛りあがるうちに母子のことをすっかり忘れていたらしいんです。

思いだしたのは帰宅途中の深夜、関山のおなじ場所で赤信号に止められたときでした。

はい、運が悪いことに帰り道でも信号に捕まったみたいで。

あ、そういえば行きの道で変なモノを見たな――。

「まあ……目撃したのが早い時刻で助かったよ」

自分を慰めるように独りごちた、その矢先。

車の脇を、自転車に乗った子供連れの女が横ぎって。

通過する瞬間に運転席を覗きこんで、兄貴をじっと見つめて。

そのまま、滑るようにトンネルの奥へ消えていったんだそうです。

「だから、青信号になってもトンネルに入るのが怖くてさ。その場でUターンして、夜が明けるまで待ってたんだよ。あんなの絶対に普通じゃないだろ」

「いや、それを先に言えって!」

「お前が〝順を追って話せ〟と言ったんじゃねえか!」

ちょっとした口論になって、二、三日は険悪でしたね。


実は今日のイベント、兄貴が告知を見つけたんですよ。

それであいつ、私に「関山にチャリンコの幽霊が出るか訊いてきてくれ。俺は怖くて行けないから」と頼まれたんです。だから、さっきの怪談を聞いて「ああ、やっぱり母子なんだな」と妙に納得しました。

兄貴には「自転車に乗っているのはレアケースらしいぞ」って教えておきます。

めちゃくちゃ怖がるでしょうから、その反応がすこし楽しみです。

A窓事件

【日時と場所／二〇二一年八月二十一日・東根市まなびあテラス】

【話者／東根市在住の三十代女性：ひがしね百物語「山と峠――関山よもやま」参加者】


関山峠の怪談ではないんですけど、よろしいでしょうか。

自衛隊に勤めている夫から聞いた話です。

現在、夫は東根市の神町《じんまち》駐屯地にいるんですが、以前は埼玉県のA駐屯地に配属されていました。当時はまだ独身、駐屯地内の寮で生活していたんです。

彼によれば、その寮は昔から出ると評判で「夜間警備中の隊員が、走っている幽霊に遭った」とか「殺人があった場所に全身血まみれの〈赤い隊員〉が立っている」とか、いろいろな噂があったらしいんですね。

でも、彼自身はまるで信じていなかったようで。というか、毎日の業務――自衛隊では課業と呼ぶんですけど――がハードすぎて、怖がる余裕もなかったみたいです。

まあ、そんな人間なのに「見てしまった」わけなんですが。

ある深夜――夫は目を覚まして「え、なんで?」と自分に驚いたんだそうです。

そんな時間帯に覚醒するなんて、絶対に有り得ないらしいんですよ。

「だってさ、朝六時に起きて訓練や講習を夕方までみっちりこなしたら、その後は洗濯や勉強があるでしょ。消灯後は起床ラッパを聞くまで梃子《てこ》でも起きないんだよ」って。

もう一度眠ろうと頑張ってはみたものの、なかなか寝つけなくて。

「息抜きに廊下を散歩しようか」と考えたものの、そのとき夫は古い二段ベッドの上段に寝ていたので「うっかり動いたら下段の隊員を起こしてしまうな」と思い、そのまま横になっていたんですって。はい、そういう人なんです。真面目な性格なんですよ。

仕方なく部屋をぼんやり見ていたら、窓に――あ、その部屋は天井あたりにちいさい窓があったらしいんですけど。

その窓いっぱいに細長い顔があったそうで。

歪《ゆが》んだ鏡の前に立つと、みょおんと縦に伸びて映るでしょ。あんな感じの巨大な顔が横向きで、まるで添い寝するような体勢で、夫をにこにこにこにこ見ていたんですって。

その顔が男だったか女だったか――ですか。そういえば、なにも言ってませんでした。

たぶん、性別なんて問題じゃない異様さだったんでしょう。

さすがに彼も怖くなったみたいですけど「悲鳴をあげでもしたら同室の隊員を起こしてしまう」と思って、無理やり眠ったと聞きました。うん、そういう性格なんですよ。それで彼、どうしたと思いますか。

翌日、律儀に上官へ見たモノを報告して、日報に書くべきか確認したそうなんです。すると上官、怒るわけでも笑うわけでもなく「どんな顔だった」「体長は」「色は」と、真顔で訊いてきたんですって。それで、夫がすべての質問に答えると、

「お前が見たのは問題ないヤツだ、気にするな。日報に記載する必要もない」

そう言われて、話はそれきりになったそうです。

「そのときは〝問題ないんだな、良かった〟と安心したんだけどさ……それって〝問題のあるヤツ〟も、あそこに居るってことだよね」

そんなことを言うもんで、我が夫ながら呑気だなあと笑ってしまいました。

幸い、いまのところ神町でそういう体験はないようです。でも、優しい人なんで私を怖がらせないように黙っている可能性もありますけど。

じゃあ、今度「本当にないの?」って尋問しておきますね。
なにか見聞きしていたら、すぐにお知らせしますんで。

じゃあの正体

【日時と場所／二〇二一年十一月十一日・山形県立新庄北高等学校】
【話者／本校教諭：読書講話「新庄の怪談」参加者】

前任のY高校で体験した出来事です。

放課後、美術室の隣にある教員準備室で仕事をしていたんです。すると、美術室から「ざあ、ざあ」と砂っぽい音が聞こえてきたんですね。

そのときは「生徒かな」と思っただけで、さして気に留めませんでした。

というのも、美術室は床がザラザラした素材だったので、生徒が内履きズックで歩くと独特の音がするんですよ。だから「誰かが忘れ物でも取りにきたんだろう」と、そのまま仕事を続けていたんです。

けれど「ざあ、ざあ」は止む気配がなくて。おまけに、いつもより音が激しいんです。じゃあっ、じゃあっ、と靴の裏を思いきり擦《こす》りつけるような響きなんですよ。

はは あ、これは部員じゃないな。ほかのクラスの子が悪ふざけをしているんだ。

そう推察した私は、悪ガキを窘《たしな》めてやろうと机を離れ、美術室に通じるドアを勢いよく開けるなり「こらッ、そろそろ帰れ！」と、無人の空間に叫びました。

はい、誰もいなかったんです。

電気は真っ暗だし、角椅子はすべて逆さの状態で机に乗っているし。なによりも人の気配がないんですよ。誰かが滞在した空間って、気配が残っているじゃないですか。でも、そのときの美術室は空気が冷えびえとしていて、無人だったのが容易に判るんです。

「気づかれないように出ていっただけだ」と自分に言い聞かせて、美術室のドアを見たら鍵が掛かっていて。仕事をする気も失せちゃって、早々に帰りました。

それから数日後に、職員室で学年主任と雑談していたんですけどね。

きっかけは忘れましたが〈学校の七不思議〉の話題になったので「そういえば、このあいだ……」と美術室での出来事を、ほんの笑い話のつもりで披露したんです。

「それ、どんな音だった」

主任、前のめりで詳しく聞いてくるんです。

その様子があまりに真剣だったもので「なんでですか」と反対に訊ねたら、

「この学校の敷地、俺が子供のころは古い火葬場だったもの」

「……それ、あの音となんの関係があるんですか」

そう訊ねる私に、主任はなにかを掃くような仕草をしながら、

「お骨を焼いたあとに残る灰ってさ、箒《ほうき》でチリトリに集めるんだよ」

そう言って「じゃあっ、じゃあっ」と、口であの音を再現してみせたんです。

はい、かなり似てました。もしかすると、主任も聞いたことがあるのかもしれません。


おかしなことはその一度きりです。

翌年に離任するまで、放課後は絶対にひとりで居残りしませんでしたから。

ねんいち

【日時と場所／二〇二一年十一月十一日・山形県立新庄北高等学校】
【話者／高校一年生男子：読書講話「新庄の怪談」参加者】

ウチのお祖父《じぃ》ちゃんが若いころに、兄弟が病気で死んじゃったらしいんです。そしたらお葬式が終わった夜から、その死んだ兄弟が枕元に立つようになったと言ってました。あ、お祖父ちゃんは「でも怖くなかったよ」とも言ってました。「仲が良かったし、自分も死んだら家族に会いたいからね」って。

はじめのうちはお祖父ちゃんも、夜な夜な姿を見せる兄弟の言葉をていねいに聞いてあげたみたいです。「生前にあれが出来なかった」とか「あのことだけが心残りだ」とか、ボソボソ喋るのを「そうだよなあ」って、いちいち返事をしてたそうなんです。

でも、その兄弟は死んじゃってる所為なのか、あんまり判ってないっぽくて。そのときは納得した感じで消えるけど、夜にはあらわれておなじ話をするんです。そんなことが何日も続いて、さすがのお祖父ちゃんも疲れちゃって。

ある晩――また兄弟が枕元に立ったので、布団の上に正座して、

「出てくるのはかまわないが、毎晩だとさすがにこっちも大変だ。これからは年に一度くらいに留めてはもらえないだろうか」

そう言って手を合わせたら、意味が通じたみたいで。

「それからは年に一度だけ、お願いした日に毎年かならず出るんだ」って言ってました。あ、お祖父ちゃん自体は死んでないです。いまも生きてます。はい、全然元気です。だから、今年も[redacted]月[redacted]日に出たそうです。

いえ、自分は見たことないんですけど――一度だけ、叱られたことがあって。ウチ、仏壇がある部屋で写真撮ると百パーセントまともに写らないんです。なんか白い帯とか、赤い玉みたいのが画面に入っちゃって。それがちょっと面白かったので、進級のときに買ってもらったスマホで、仏壇を撮りまくったんですよ。

そしたらその夜、お祖父ちゃんの寝床に死んだ兄弟が来て「あの悪戯《いたずら》をやめさせろ」と怒ったらしくて。はい、そのときにさっきの話を教えてもらいました。

でもお祖父ちゃん、僕が写真撮っていたのは知らないはずなんです。だから、言われたときは正直ビビりました。それからは撮らないようにしてます。

おまえのせいで

【日時と場所／二〇二一年十二月十一日・山形市少年自然の家】

【話者／県内在住の五十代男性：当該施設職員】


今年で七十三になる私の母の体験です。五、六歳のときの出来事だと聞きました。

母は三人姉妹の次女なんですが、年齢が近い所為か姉妹ともに大の仲良しで。お風呂も食事も遊ぶときも、それこそ朝起きてから夜眠るまでずっと一緒だったんだそうです。だから、その日も母は和室で三人そろって、人形を我が子に見立てたおままごとをして遊んでいたんですね。人形といっても七十年近く前の話ですから、高価な既製品ではありません。母自身も記憶は曖昧でしたが、どうやら祖母が布の端切れで縫ってくれたもので、日本人形を模した女児の人形であったようです。

ところが子供のことですから、遊ぶうちに草臥《くたび》れたんでしょう。まもなく姉妹ふたりは炬燵《こたつ》に潜りこむと、そのまま眠ってしまったそうなんですよ。

残された母もしばらく独りで遊んでいたらしいんですが、やはり遊び相手がいないとつまらない。そこで部屋の隅に置かれていた真空管ラジオへ人形をちょこんと立てかけて、自分も炬燵に割りこんで昼寝をはじめたんですね。

そのまま五分経ち、十分が経ち――ふいに、人の気配で目が覚めた。

「誰か起きたのかな」と横を見たけれど、姉も妹もすやすや眠っている。

じゃあ、いったい誰だろう。

不思議に思い、炬燵に入ったまま首だけ動かして、あたりを見まわすと――。

ラジオに寄りかかっていたはずの布人形が、てっこ、てっこ、てっこと大股で近づいてきて、母の鼻先で前のめりに倒れたんです。

その動きは「内緒で見せてあげる」とでも言いたげな、悪戯っぽい仕草だったようで。

そのため、母もべつだん怖いとは思わず、むしろ「おもしろい人形だな、もう一度歩くところが見たいな」と、再びラジオに立てかけたらしいんです。

と――もぞもぞ動いていた所為で起きてしまったのか、隣の妹が目をこすりながら「ねえ、どうしたの」と訊ねてきた。

あ、妹にも見せてあげよう――そう思った母が「あのね、お人形が」と囁《ささや》いた途端、

「おまえのせいで　いましんだ」

人形と妹とラジオが、三重奏でおなじ科白を喋ったんです。
ラジオの電源は消えていて、妹に発言の真意を訊ねても「なにが?」と憶えていない。
やがて妹は再び寝てしまい、部屋がすっかり静まって、人形と自分だけになって。
そこではじめて恐ろしくなり、母は炬燵に頭から潜りました。
それきり、人形が動くことは二度となかったそうです。

母は、その日を境に布人形が——いいえ、その人形のみならず〈人の形をした人間ではないモノ〉全般が苦手になってしまい、おままごとで遊ばなくなったんだそうです。
話の中身もさることながら、冗談を言うときにはきまって顔をほころばせる母が、この思い出だけはいつになく真剣な表情で語っていたので、強く印象に残っています。

大峰山にて

【日時と場所／二〇二一年十二月十一日・山形市少年自然の家】
【話者／県内在住の五十代男性：当該施設館長】

こういう仕事に就くほど自然好きの人間ですから、県内外の多くの山に登っています。なかでも、強く印象に残った出来事をお話しさせてください。

ある年の初冬、奈良県の大峰山《おおみねさん》へ行ったときの話です。

大峰山は現在も女人禁制が守られている、最近は熊野古道《くまのこどう》で有名な霊山です。多くの登山者は山頂にある山上ヶ岳《さんじょうがたけ》の宿坊をめざします。私が訪れた時期、すでに宿坊は冬季で閉鎖されていましたが、山頂までの道は通行できる状態だったんです。

出発は早朝。粉雪がちらつくなか、ひとりで杉林のなかを進みました。

冬の深山は、どこを切りとっても絵になるものです。なので、はじめこそ夢中で何枚も写真を撮っていたんですが、登山道が岩場に変わるころには、そんな余裕などすっかりと消え失せていました。特に、鎖場《くさりば》——名前のとおり鎖を命綱にして進む難所では、危うく滑落しそうになったほどです。あのときほど、アイゼンも用意せず登ったおのれの甘さを悔やんだことはありません。

それでも、どうにかこうにか宿坊付近まで到着しまして。いちめん雪景色のなか、肩で息を吐きながら人心地ついていた矢先――私はふたつの人影に目を留めたんです。小学生と思われる子供と中年男性が、登山道の脇に佇んでいるんですね。

一見すると親子のようでしたが、私は違和感をおぼえました。

さっき申しあげたとおり、大峰山は平坦な道ではありません。保護者が一緒だとしても、小学生の足で岩場や鎖場を登れるとは思えなかったんです。おまけに、ふたりとも薄手の長袖シャツという、すこし季節はずれな軽装だったのも引っかかっていました。

もしかすると、このふたりはハイキング程度の軽い気持ちで登ってきたのではないか。いわゆる弾丸登山を敢行したものの、雪と寒さで動けなくなっているんじゃないか。

そんな疑念を抱いたものの、どれだけ待っても親子がこちらに救いを求めてくる様子はありません。私も「お節介を焼かれては迷惑かな」と思い、下山することにしたんです。

それでもやはり気になって、下りの道を歩きながらなにげなく振りかえると。

遠くに見える親子の背丈が、さっきと違うんです。

お父さんが半分ほどに縮んでいて、子供は逆に細長く伸びているんですよ。

歪んだ台形と極端な菱形――そんな感じのシルエットなんです。

思わず「え」と言った直後、親子はもとの身長に、びゅんっ、と一瞬で戻りました。

ああいうときは理屈もなにもありませんね、脇目もふらずに山を下りましたよ。

不思議なのは、下山中にあの親子と一度も遭遇しなかったことです。大峰山は下りの道が一本しかないので、行き違いになるとは考えにくいんですがね。

まあ、いまとなっては「山に揶揄《からか》われたのかな」と肯定的にとらえています。

そうでも思わないと、恐ろしくて。

あ、話しているうちにもうひとつ思いだしましたよ。

山形へ帰ってきてフィルムを現像したんですけどね、まともに写っている写真が一枚もないんですよ。その後もおなじカメラでいろいろ撮りましたから、本体の故障ではないと思うんです。ですから私、なんとなく「撮るな」と言われたような気が――。

(話の途中で、会場内に「オッオッオッ」とお経のような声が流れる)

いまの音、なんでしょうか。(職員に訊ねてから)どうも、演出ではないようです。

「これ以上は言うな」って忠告ですかね。じゃあ、ここで終わりにしておきましょう。

オッオッオペラ

【日時と場所／二〇二一年十二月十一日・山形市少年自然の家】

【話者／県内在住の三十代男性：当該施設職員】


あの——いましがたの話なんですが。

ウチの館長が怪談を話していたとき、私はプラネタリウム室の一角にある操作ブースで待機してたんですよ（筆者注：この日は、施設内のプラネタリウム室が講演会場だった）。

いつもは星座を表示したり天体図を動かしたりするんですが、今回はそういう演出も必要ないので「せめて怖い雰囲気を盛りあげよう」とCDをかけることにしたんです。

それで私、すこし哀しげな調子のオペラを選曲して再生ボタンを押したんですけど——流れはじめてまもなく「オッオッオッオッ」って曲が飛びまして。

はい、さっきのお経みたいな音がそれです。ちなみに、いま再生してみたところ普通にメロディーが流れました。このCDプレーヤーは長く使ってますが、はじめてのことです。あまりのタイミングにとても驚いた事実を、念のためお知らせしておきます。

カシャ

【日時と場所／二〇二一年十二月十二日・舟形町公民館】

【話者／同町在住の四十代女性：「愛の鳩賞受賞記念式典・特別講演」参加者】


三十年よりもっと前、私が子供のころの出来事です。

夕方、バアちゃんが自宅に戻ってくるなり「カシャだカシャ」と言うんですよ。私がなんのことか判らずポカンとしていたら「いま、こだな《こんな》コトがあった」と喋りはじめて。

バアちゃん、パートを終えて家までの畦道《あぜみち》を帰っていたんです。

帰り道の途中には古いお寺があって、ずっと塀が続いている向こう側は墓なんですね。その塀沿いに歩いていたら——ぴたん、と誰かの手が肩に乗ったというんですよ。

それで、バアちゃんが驚いて立ち止まるなり、今度はうなじに、ふう、ふうっと息を吹きかけられたらしいんです。

畦道ですから、誰かが自分のあとを尾けていれば足音が聞こえるでしょ。でも、なにも聞こえなかったもので、もうバアちゃん怖くてガタガタ震えていたんですって。

すると、脇の草むらから一匹の野良猫が出てきたそうで。

普通の猫だと言ってました。三毛とか虎とか、身体の色は訊きそこねましたけど。

まあ、よほど恐ろしかったんでしょうかね。バアちゃん、思わず猫に「助けでけろ」と呼びかけたそうなんです。

そしたら、まるで言葉が判ったみたいに、野良猫が「にゃあ」と、ひと声鳴いて——。

その瞬間、ちり紙が風で飛ぶみたいな感じで、うしろの気配が消えたんですって。

いつのまにか、猫もいなくなっていたみたいです。

「たぶん無縁仏だべけど、怒《ごしゃ》いだカシャが引っぱっていったんだな」

そのときは「バアちゃん、なに言ってんだろう」とか思っていたんですけど。


大人になってから、子供の観ているアニメに〈カシャ〉っていう猫の妖怪が出てきて。

それでようやく「バアちゃんが言ってたのはコレか！」とビックリしました。

どうせなら詳しく聞いておけば良かったと、いまになって悔やんでいます。

生き霊は怖いか

【日時と場所／二〇二一年十二月十二日・舟形町公民館】
【話者／同町在住の六十代女性：「愛の鳩賞受賞記念式典・特別講演」参加者】

あの——生き霊ってよく聞きますけど、あれって怖いものなんですか。

はい、私も生き霊関係の不思議な体験がありまして。厳密にいうと自分ではなく、明治三十八年生まれの祖母が体験した話なんですけどね。

私はいわゆる「おばあちゃん子」で、いつも祖母のあとを追って歩く子供でした。だから、その日も私は祖母につきあって一緒に出かけたんです。なにぶん五歳か六歳のときなので、どんな用事だったのか忘れてしまいましたが、帰路での出来事だけはいまもしっかり憶えています。

祖母は、かならず外出の帰りに親戚宅へ立ち寄り、家長である爺ちゃんを見舞ってから家路に着くのをルーティンにしていたんですね。祖父が若いころお世話になった、頑固な明治男です。私が生まれたころにはすでに寝たきりだったものの、しっかりと受け答えができるほど意識は明瞭《はっき》りしていたんですよ。

ところが、その日は用事がなかなか終わらずに、すっかり遅くなってしまって。祖母も「今日は止めておくべ」と言うので、まっすぐ帰宅することにしたんです。

するとーー自宅まであと数分というあたりで、祖母がいきなり、

「なんだや」

虚空に向かって叫びました。

いったいなにごとかと驚く私に、祖母は「いま、誰かに呼ばらった」と答えたんです。私には声なんて聞こえなかったし、まわりには誰もいなかったんですけど。

けれども祖母はなにかを直感したようで「爺ちゃんだ」と呟くなり来たばかりの道をずんずんと戻りはじめたんですね。こちらは五、六歳の子ですから、祖母がなにを考えているのか理解できないまま、黙って着いていくほかなかったんですよ。

そんなわけで私たちは、結局いつもどおり親戚宅を訪ねました。

爺ちゃんは平素と変わらず布団に横たわっていましたが、私たちの姿をみとめるなり「オラの声、聞こぇだが」と、しゃがれた声で笑ったんです。

おもてを歩く私と祖母の姿を見かけたけど、無視して立ち去ろうとするもので腹が立ち、思わず「顔くらい見せていけ」と怒鳴《どな》ったんだ——爺ちゃん、そう言うんです。

その科白を聞き、布団の傍らに座っていた爺ちゃんの娘さんが「ほだな《そんな》わけないべ」と苦笑しました。

今日はずっと隣の部屋にいたが、怒声など聞いた憶えはない。そもそも爺ちゃんは声を出すのもやっとの状態、おまけに寝たきりなのだから生け垣の向こうが見えるわけもない。そう主張する娘さんに対し、祖母は「聞いた」と譲らないんですね。

おかげで、そのときは微妙な雰囲気で帰宅したんですけど——数日後に「祖母の言葉は正しかった」と証明する出来事が起きまして。

「さっきよ」

その日の夕方——爺ちゃんがおもむろに口を開くと、

「神奈川に住む甥っ子、ちっとも顔を見せねえべ。だからよ、会いに行って〝最後くらい世話の焼ける真似すんな〟と叱ったんだ」

得意げに言ったそうなんです。

家族は「夢でも見たんだべな」と適当にやり過ごしたらしいんですが、夜になって当の甥から電話がかかってきて、

「今日、会社の廊下を歩いてたら目の前に爺ちゃんがいきなり出てきてさ、俺を怒鳴って気がついたらいなくなってたんだけど……いつのまに元気になったの？」

翌日の朝、爺ちゃんは眠るように息を引きとりました。

「我慢できず身体を置いて説教しに行ったんだな、最後まで頑固な人だ」と葬儀の席で聞かされ、驚くと同時に「爺ちゃんらしいなあ」なんて、すこし微笑《ほほえ》ましく感じました。

はい、いまでも親戚が集まると、その話を肴《さかな》にお酒を飲んでいます。

そんな一件があったもので、私はテレビで「生き霊がどうした」みたいな話を観ても、あんまり怖く思えないんですよね。

さきだま

【日時と場所／二〇二一年十二月十二日・舟形町公民館】

【話者／置賜地方在住の六十代男性：「愛の鳩賞受賞記念式典・特別講演」参加者】


さきほど〈生き霊〉って言葉が出ましたよね。私の地元の庄内《しょうない》地方では〈さきだま〉と呼ぶんです。先の魂と書くのか、それとも割く魂なのかは判りませんけども。

ええ、実際にそのような話も聞いたことがあります。

鶴岡《つるおか》市に住んでいる知人の教員は「おら家《エ》の爺サマよ、さきだまを掻くんだ」と言っていました。つまりは、生き霊が出やすい質《たち》だったようです。

たとえば、さっき外出したはずなのに、爺サマの咳払いが玄関で聞こえることがある。独特な咳払いなので、家族は爺サマだと気づいて「あれ、ずいぶん早く戻ってきたな」と迎えに出るんですね。ところが誰もいない。

すると、しばらくしてから本人が帰ってくるんだそうです。咳払いが聞こえた時刻は外出先から家に戻る途中で、まだ到着していない。

これは、ひと足早く〈さきだま〉が帰宅しているらしいです。

そんなエピソードを、知人は「その日の天気」や「息子の運動会」などとおなじような口ぶりで、いくつも教えてくれました。べつだん、不思議と思っていないんでしょう。

ただ、爺サマが亡くなったときだけは若干ニュアンスが違いましたね。

爺サマ、初七日法要が終わるまで寝室の隅にじっと立っていたそうでして、どうするか扱いに困ったようです。いつもなら肉体に先んじて動く魂が、最期だけは反対に身体から遅れて成仏したんですな。

「生来、身体と魂の相性が良ぐない人だったんだべの」

知人はそのように言っていました。

そういえば最近は、そういう話題もとんと聞かなくなりましたね。時代の所為なのか、それとも私たちの魂が変わってしまったんでしょうか。

生き霊は怖い

【日時と場所／二〇二一年十二月十二日・舟形町公民館】

【話者／近郊在住の四十代女性：「愛の鳩賞受賞記念式典・特別講演」参加者】


（講演終了後、駐車場で呼び止められて）

四年前の夏、父が新庄市の病院に入院したんです。

起きたときから「なんだか調子がおかしい」と言っていたんですが、あれよあれよというまに動けなくなって、昼には救急車で搬送されまして。はい、くも膜下出血でした。運ばれたときはすでに意識がなかったんですけど、母が「回復したときに困らないよう、着替えや日用品を病室に用意しておかなきゃ」と頑《かたく》なに主張するもので、私はパジャマやタオルを取りに自宅へ戻ったんですよ。まあ、母も母で混乱していたんだと思います。

それで、自宅へ着いて砂利敷きの駐車場に車を停め、玄関まで最短距離で辿りつこうと庭を横断していたら——柿の木に、父が座っているんです。

太い枝に腰かけて、足をぶらぶらさせながら私を見下ろしているんですよ。

「つぎはあくろいいいぬになるう」

このあたりの訛りとはまったく違う、聞いたことのないアクセントで一気にそう言うと、父は鉄棒で遊ぶ子供みたいに、ぐるん、と後ろへ倒れて——消えたんです。

ほんの五、六秒の出来事です。おかしなことに、がさがさと葉っぱは鳴ったんですが、地面へ落ちる音はいつまで待っても聞こえませんでした。

呆気に取られつつ、いましがたの言葉を何度も反芻《はんすう》するうちに把握したんです。柿の木の父、「次は黒い犬になる」と言ったんじゃないのって。


その後、一週間ほど昏睡状態が続き、父は意識が戻らないまま旅立ちました。

それで、葬儀を終えてマイクロバスで郊外の火葬場へ向かっていると、運転手さんが「あっ」と叫んで急ハンドルを切ったんです。なんだろうと前を見たら、アスファルトに赤黒いかたまりがべっちゃり広がっていて。

黒い毛の獣が何台もの車に轢《ひ》かれ、平たくなって死んでいました。

犬かどうかは判りません。いえいえ、降りて確認なんかしませんよ。あの日の出来事は家族にも言ってなかったし、本当に黒犬だったら——救われないじゃないですか。

だから、さっきの「生き霊は恐ろしくない」って意見、私はあまり賛成できなくて。

でも、あの場で反論すると気まずくなっちゃうかもしれないでしょ。それでこっそりお知らせしたんです。ええ、私は父の生き霊、やっぱり怖かったですよ。

2022

天狗を見る子

【日時と場所／二〇二三年二月二十三日・東根市まなびあテラス】

【話者／県内在住の三十代女性：ひがしね百物語「怪をつむぐ人々」参加者】


ウチの長女、すこし変わってまして。

何年か前、尾花沢《おばなざわ》市の徳良湖《とくらこ》へキャンプに行ったんです。そしたら湖面をじっと見て「天狗《てんぐ》がいるね」と、湖のまんなかを指して。

絵本や漫画に出てくるような天狗が、水の上を飛んでると言うんですね。

「鳥じゃないの」と訊いたら「間違うわけないじゃん」と逆に笑われちゃって。それで、私もこういう会に参加する人間なのでテンションがあがって、いろいろ質問したんです。

そしたら娘が「ウチの近所にもいるよ」なんて、しれっと言うんです。我が家の近くに沼沢沼《ぬまざわぬま》という場所があるんですけど、長女いわく「そこも天狗が飛んでいる」そうで。

そのときは、火おこしをするためにそこで話題は終わったんですが、帰宅して数日後に沼沢沼へ行く用事があって、ふと天狗のことを思いだしたんですよ。

で、娘に「徳良湖と沼沢沼の天狗、どっちのほうがイケメンなの？」って訊ねたところ、「沼沢沼のほうが格好いいよ」と答えて。

そしたら次の瞬間、家が軋《きし》むほどの強風が吹いたんです。

それからまもなく、夫が帰宅したので「さっきの風すごかったね。大丈夫だった？」と聞いたんです。でも「なんのこと？」って不思議そうな顔をされて。

「その時刻は車で帰っていたけど、風なんかひとつも吹いてない」と言うんですよ。

夫の職場は自宅から五分ほどのところなので、この周辺であれだけ強い風が吹いたら、気づかないはずがないと思うんですけどね。

だから——天狗、いるのかもなと思っています。

いけにえ

【日時と場所／二〇二三年二月二十三日・東根市まなびあテラス】
【話者／県内在住の三十代女性：ひがしね百物語「怪をつむぐ人々」参加者】

いまから十数年前、中学生のときの話です。

私の実家は南陽《なんよう》市のM地区に建っているんですが、すぐ近くに県内最大手のスーパーがありまして。長女だった私はお使いを頼まれることが多く、そのスーパーにしょっちゅう通っていたんですよ。

その日も——野菜だったか豆腐だったかは忘れましたが、とにかく母親に夕飯の材料をスーパーで買ってくるよう言われましてね。しぶしぶ私は読みかけの少女漫画を放りだし、玄関で靴を履いていたんです。

すると、小学生の妹が「私も行きたい」と駆け寄ってきました。なんでも、スーパーの向かいにある文房具屋さんで、マーブルペンを購入すると言うんですね。マーブルペンというのは、当時流行していた筆記用具の一種です。インクが何色も混ざりあっているため、紙に書いた文字がカラフルなマーブル模様になるというペンでした。実用性はともかく、子供ってそういうものを欲しがるじゃないですか。

「お使いに加えて子守りまでするのか」と煩《わずら》わしく思いましたが、下手に拒もうものなら母親から「あなた、お姉ちゃんでしょ」と叱られかねない。そこで私は仕方なく妹の手を引いてスーパーへ赴き、その後に文房具屋さんへ寄ったんです。

めあてのマーブルペンを買って店を出るころには、ずいぶんと日が暮れていました。

それで――私はなにげなく、薄暗い橙《だいだい》色の空を見あげたんですね。

「……なに、あれ」

目にしたことのない、奇妙な物体が浮かんでいました。

都会のビルほどもある、円柱形をした物体なんです。

巨大な柱は、左斜めに傾いた姿勢のままで空中に静止し、その場でゆっくりと回転していました。よく見ると、表面のところどころに無数の穴が空いていて、そこから白い光が漏れているんです。たぶん、その所為で高層ビルを想起したんだと思いますけど。

不思議なことに、往来を歩いている大人たちはまったく反応していないんですよ。

あんなものが浮いているのに。すぐ上空で回転しているのに。

それがなにより怖くて——私は妹の手を振りはらい、家をめざして走りだしました。

はい、「あの子が襲われているあいだに逃げよう」と置き去りにしたんです。

帰宅するなり、私は母と祖母にいま見たものを説明すると、その場で学習ノートに絵を描いて、「こんな、こんな大きいものが浮いてたんだよ」と家族に見せたんです。

でも、母親も祖母も反応が芳しくなくて。

「……あんた、そんなのはどうでも良いけどさ」

「どうでも良いってなによ、大変なことじゃない」

「それより、あの子はどうしたの。一緒に買い物へ行ったでしょ」

母親が訊ねると同時に玄関のドアが勢いよく開いて、顔を涙でぐしゃぐしゃにした妹が、居間になだれこんできました。

「変なものが飛んでたから、お姉ちゃんが先に行っちゃった」

その言葉で、はからずも私が見た物体の存在は証明されたんですが、母親にとっては「妹をひとりきりにした」ことのほうが問題だったようで、こっぴどく叱られました。

いまとなっては母親の気持ちも理解できるんですが、当時は「どうして、あの不思議な物体に驚かないんだろう」と大いに不満でしたね。

あ、そういえば不思議なことはもうひとつあって。

妹が買ったばかりのマーブルペン、なぜかインクが空になっていたんですよ。

やっぱり〈あれ〉の仕業なんでしょうかね。


大人になったいまも、妹と話しているときまってあの不思議な物体の話題になります。それで最後はかならず「お姉ちゃんあのとき私を見捨てたよね。大事なマーブルペンを生贄《いけにえ》にしたよね」ってネチネチ言われるんです。

不本意ですよ。たしかに私はひとりで逃げましたけど、翌週に自分の小遣いをはたいて、妹に新しいペンを買ってあげたんですから。

UFOかオバケか知りませんが、もう一度遭遇したら「弁償しろ」と言うつもりです。

みずをとめ

【日時と場所／二〇二三年二月二十三日・東根市まなびあテラス】

【話者／東根市在住の五十代男性：ひがしね百物語「怪をつむぐ人々」参加者】


二十代のころ、仕事で千葉に出張したときの話です。

数日かかる業務だったので、郊外の安いビジネスホテルに連泊することになりまして。私は前夜遅くにチェックインし、翌日使う書類を部屋でまとめていたんです。

すると、隣の部屋からシャワーの音が聞こえてくるんです。最初は「よほど壁が薄いホテルなんだな」と気に留めていなかったんですが、いつまでも音が止まないんですよ。さてはお隣さん、風呂に入るつもりで寝てしまったんじゃないの――。

実は私も過去におなじ失敗をしていたもので、そのように思ったんですよ。とはいえ、こっちも明日から仕事なので、水音がうるさいなと思いつつ寝てしまったんです。

翌朝早くに起きると、シャワーは出っぱなしのままでした。フロントに言おうかと一瞬迷いましたが、急いでいたものでスルーしてしまって。

そんなわけでバタバタと部屋を飛びだし初日の仕事をなんとか終えて、先方の担当と呑みがてら晩飯を食ってホテルに戻ったら——まだシャワーの音がするんです。

これはさすがに長すぎるだろうと、私はフロントへ電話しました。

「お隣、昨日からシャワーを出しっぱなしみたいだけど……」

ところが、フロント係から「それはないかと思いますが」なんて言われまして。

「そちらの階へ本日お泊まりになっているのは、お客さまだけですので」

「いや、そんなはずないでしょ。だっていまもジャバジャバ聞こえてるよ」

そんな押し問答のあげく、従業員さんが確認しにくるという話になったんです。

で、私の部屋へやってきたフロント係の男性に「ほら」と隣室側の壁を指したとたん、彼も「たしかに……聞こえますね」と、やや戸惑っていて。

「少々お待ちください。チェックしてまいりますので」

そう言うと、フロント係は隣室へ向かったんです。ドアの閉まる音が聞こえ、まもなく水音は止まったものの——彼、五分経っても十分経っても帰ってこないんです。

「なにか遭ったのかな」と気になりましたが、さすがに覗くわけにもいかないでしょう。やむなく私は、不安と好奇心を抱きつつも客室のベッドに座っていました。

すると、再び隣のドアが閉まって——その直後、ごりっ、ごりごりっ、となにかを強く擦りつけるような音が聞こえたんです。思わず立ちあがってドアへ近づき、覗き穴に顔を寄せようとした瞬間、扉が開いて。

従業員が立ってるんです。その顔が、あきらかに青ざめているんです。

「申しわけありません。ちょっとした手違いがございまして。恐縮ですが、お客さまにはお部屋の移動をお願いしてもよろしいでしょうか」

いや、ビビりましたよ。怖い話でありがちな展開ですけど、こんなの本当にあるんだと驚いてしまって。しかも「前日の宿泊代はいただきませんので」なんてお約束の科白まで言うもんだから、なおのこと怖くなりました。でもまあ、断る理由もないですから「別にいいですよ」と承諾し、別な部屋を用意してもらうことにしたんです。

それで、あの——いや、すいません。思いだしたらすこし怖くなっちゃって。

ええと、それでキャリーケースに荷物を詰めて、従業員に促されるまま部屋を出たら、廊下に大きな黒い染みがあるんです。変な話ですが、はじめは「なんで、もずくの小鉢を床に置いてるんだろう」と思いました。もちろん、そんなわけはなくて。

髪なんですよ。

びちょびちょに濡れた髪が廊下の絨毯にへばりついてるんです。単なる憶測ですけど、かなり長い髪だったので女性のものじゃないかと感じました。

唖然としながら黒い点を見つめるうち、ふいに気づいたんです。

「これ、足跡だ」って。「あの従業員、濡れ髪がまとわりついている靴裏を擦りつけたんだ。さっき聞こえたのはその音だったんだ」って。

でも——それほど靴に付着するとしたら、よほど大量の髪の毛ですよね。

隣の部屋で、なにがあったんでしょうか。あのシャワーと関係あるんでしょうか。

いえいえ、それ以上はなにも追求しませんでした。言われるまま新しい客室に移動して、翌日からは残りの仕事をこなし、なにごともなかったように山形へ戻りましたよ。
だって——今後もおなじホテルに泊まるかもしれないでしょ。知らないでおいたほうが幸せなこともありますって。「なんだか怖かった」くらいがちょうど良いんですよ。

タブレット

【日時と場所／二〇二三年二月二十三日・東根市まなびあテラス】

【話者／県内在住の二十代女性：ひがしね百物語「怪をつむぐ人々」参加者】


去年の朝、我が家のタブレット端末が急におかしくなっちゃって。写真アプリなんか開いてないのに、祖父ちゃんを撮った画像が表示されてるんですよ。焦《あせ》って画面をいじったり電源を押したりしたんですけど全然なおらなくて。そのまま何分か経ったら、ようやくタブレットが反応するようになったんですけど。

「なんだったの」と思いながら画像フォルダを閉じた直後、実家から電話があって。

「いま、特養から連絡きたよ。お祖父ちゃん、亡くなったって」

そのとき表示された写真が、お葬式の遺影になったんです。

「きっとお気に入りの一枚をチョイスしたんだよ、一種の終活だよね」って骨上げの席で親戚一同笑ってました。

スンがきた

【日時と場所／二〇二二年二月二十三日・東根市まなびあテラス】
【話者／東根市在住の七十代女性：ひがしね百物語「怪をつむぐ人々」参加者】

以前、黒木さんが「西川町では、死の知らせを〈シンがきた〉と呼ぶんです」と話していましたよね。近親者が亡くなる前夜に、ガラス窓が鳴ったり足音が聞こえたりするので「シンがきたな」と悟るんだ──そんな内容だったと記憶しているんですが。

実は、わたしの地元でも似たような現象を〈スン〉といいます。

単に〈シン〉が訛っただけと思うかもしれませんが、すこし違いましてね。〈シン〉って音で死を知らせるじゃないですか。でも〈スン〉は形をともなって顕《あらわ》れるんですよ。

はい、わたしの大伯母が亡くなったとき〈スン〉がきたんです。

彼女は若かりしころ、ある寺へ嫁いだんです。けれども跡継ぎに恵まれなかったため、ご主人が亡くなると後釜の住職に追いだされてしまったんですよ。

そのころには実家もすでになかったもので、わたしの家へ身を寄せることになりまして。結局そのまま、わたしたち家族に見守られながら息を引きとったんです。

大伯母の最期は、いまも鮮明に憶えています。

布団に横たわっていたんですが、だんだん目の焦点が合わなくなって、こちらの声にも応じなくなって。最期は掛け布団が、ふう、と萎《しぼ》んで。呼吸が止まった瞬間でした。

生まれてはじめて人の死をまのあたりにした衝撃と、大伯母の不遇な人生への哀れみと、それでも最後に見送ることができた安堵感と。さまざまな感情が入り混じって、わたしは正座したまま目を潤ませていたんですが——。

「あっ」

隣に座る母親の大声で、我にかえりました。

母の視線を追いかけると、蟻《あり》の大群が布団の上をうろついているんです。

十四や二十四ではありません。まるで巣を穿《ほじく》りかえしたように、数えきれないほどの蟻が部屋じゅうにいるんです。亡くなったばかりの大伯母に、顔といわず髪といわず群がっているんです。

幼いわたしの目には、黒い虫たちが大伯母の身体から湧きでたように見えました。

母は大の虫嫌いなので、次々に蟻を摘みあげてはぶちぶちと潰していくんですけれど、いつまで経っても数は減りませんでした。それほど大量だったんですよ。

やがて、ようやく最後の一匹を潰し終えると、

「和尚《おっ》さまのスンが、女房ば迎えにきたんだべな」

母が、静かな声でそう言いました。

怒りを堪《こら》えているような、悲しみに耐えているような声でしたよ。

〈スン〉との関係は判りませんが、ひとつ余談がありまして。

大伯母は寺を追われる際、ご主人の遺品をふたつだけ持参したんですけど。

形見、二幅の幽霊画だったんですよ。

島田を結った美人の幽霊でね、ていねいに表装された掛け軸でした。

わたしはとても好ましく眺めていたんですが、両親はなにか思うところがあったのか、

近所の寺に納めてしまったそうです。

「寺なら金目の物もあっただろうに、なんで幽霊画など後生大事に持ってきたんだべ」

父は後年になっても、そう言ってしきりに首を傾げていました。

でも、わたしはなんとなく大伯母の気持ちが判るんですよね。確証はないんですけど、あの幽霊は大伯母を描いたものなんじゃないかと思っています。

研修

【日時と場所／二〇二二年四月九日・高畠町旧時沢小学校】
【話者／県内在住の三十代男性：高畠熱中小学校「高畠の怪談」参加者】

介護系の仕事に就いていたころ、とある高齢者向け施設へ短期研修に行ったんです。その施設の売り文句が「医師が常駐しているためここで最期を迎えられます」というけっこうストレートな内容で。要は入所者全員が亡くなられてるってことですよね。そういう場所の所為なのか、一度だけ妙な出来事がありました。

研修初日の夜、いきなり体調がおかしくなったんですよ。呼吸が浅くなって、どんどん身体が冷えて、目の焦点が合わなくなって、心臓が掌《てのひら》で押しつぶされるように苦しくて。

いままで味わったことのない感覚に「やばい、やばい」と思って、宿直室にいた先輩にしどろもどろで異変を訴えたんです。

ところが先輩「あ、ちょっと待って」と言うなり、どこかへ電話をかけはじめまして。てっきり一一九番に連絡してるんだろうと思ったら、

「大丈夫、いまAさんに連絡したから」

携帯電話を耳にあてながら、意味不明なことを言うんですよ。

「いや、誰だよ。こういう場合は救急車でしょ」とムカついたんですが、あまりの痛みに反論もできず、床に膝をついた状態で唸ってたんです。

その間も先輩は「はい、そうです。研修の子なんです」って、Aさんとかいう人物と会話してるんですけど、突然私の胸に携帯電話をぐりぐり押しあててきたんですよ。

「ちょっとだけ動かないでね」

わけが判らずに脂汗を流しながら頷いていると、胸に密着している携帯の受話口から、もじょお、もじょお、ってお経とも歌ともつかない科白が聞こえてきて。そしたら——制服のポロシャツが強風を正面から受けたみたいに、ばばばばっ、と波打ったんです。

その途端に不調が消えて。ほんの一瞬で。

呆気に取られたまま立ちあがろうとする私に、Aさんが手を貸しながら、

「あなたがいま体験したのが〈死の瞬間〉。その感覚、おぼえておいて損はないから」

こともなげに、そう言ったんです。

いや、もはや質問する余裕もなくて「はい」としか答えられませんでしたよ。

その後はなにごともなく研修を終えましたが、電話に出たAさんが誰なのかは最後まで教えてもらえませんでした。

でも、先輩の言葉どおり〈あの感覚〉を体感したことで、ちょっと人生が変わった気がします。もしかして〈あれ〉込みの研修だったんでしょうかね。

こっち側

【日時と場所／二〇二二年四月九日・高畠町旧時沢小学校】

【話者／県内在住の三十代女性：高畠熱中小学校「高畠の怪談」参加者】


新婚時代、夫とふたりで◆◆市のマンションに住んでいたんですね。九階からの眺めは最高だったんですけど――その部屋、やけに寒いんですよ。

クーラーも点けてないのに、厚着しないと動けないくらい冷え冷えとしているんです。はじめは「高層階だから気温が低いのかな」と思っていたんですが、マンション暮らしの知人に告げたら「タワマンの最上階じゃないんだから」と笑われちゃって。

「ウチは十二階で屋外よりすこしだけ涼しいけど、さすがに寒く感じるほどじゃないよ。それってさ、ほかに原因があるんじゃない？」

そう言われて「あっ」と気づきました。部屋が寒いの、夫が不在のときだけなんです。私がひとりで居るときにかぎって空気がゾクゾクッとするんですよ。

なんでだろうと疑問には思いましたが、深く追求すると怖いでしょ。だからその後はなるべく考えないように努めながら生活していました。

寒すぎる理由を知ったのは、それから半月後のことです。

ある夏の日――買い物から帰ってきたら、いつも以上に部屋が寒くて。外はニュースになるほどの猛暑なのに、部屋のなかだけ鳥肌が立ちそうな気温なんです。

しばらくは我慢して買ってきた食品を冷蔵庫へ入れていたんですが、そのうち温度差にやられてしまったのか怠《だる》くなっちゃって、ソファーに倒れこんでしまったんですね。

あまりにも体調が辛すぎて、寝ることもできずに唸っていたんですけど。

ふいに視界の端で、なにかが動いて。

目を凝らすと、誰かがキッチンに立っているんです。

ひょろひょろした白髪の老人が、物陰から身体を半分だけ覗かせているんです。

「あ、泥棒。警察に連絡」そう思って手探りでスマホを探すうちに――ハッとして。

老人のいる場所、物陰なんてないんですよ。

はい、隠れてたんじゃないんです。身体が右半分しかなかったんです。

悲鳴をあげながらソファーの背をまたいで、こっちが陰に身を潜めました。

それから、十五分くらい隠れていたのかな。おそるおそる頭を出して確認したときには、すでに〈半分老人〉の姿はなかったんです。

念のため調べたものの、ほかの部屋も無人で。ドアも窓も施錠されていて。

それって——そういうことでしょ。つまり、あの寒気も。

もう怖くて怖くて堪らずに、おなじ市内に住む同級生へ電話したんです。

その子、心配してすぐマンションへ駆けつけてくれたんですけど、私がしどろもどろで説明するなり「あ、理由が判ったかも」と窓の外へ視線を移して。

そのままベランダに踏みこんだかと思うと、私に手招きするんですよ。なにがなんだか判らないままベランダまで行ったら、その子がマンションの下を無言で指して。

「あ」

隣、お墓だったんです。古い墓地なんですよ。

いつも遠くの景色ばかり見ていたので、真下なんか全然目に入ってなくて。

呆然と階下を眺める私をちらっと見て、同級生は「そうか、◆◆市に引っ越してきたの、今年だもんね」と言いました。

「私はずっと住んでるから知ってんだけど、あそこの墓地、前はもっと広かったんだよ。

たぶん、敷地の一部を潰してマンションを建てたんだと思う。だから、その人」
掘りだされずに、半分だけこっち側に埋まってるんじゃないかな。

翌年、退去の際に不動産屋さんへ訊ねたら——同級生が言ったとおりでした。マンション、もとはお墓の敷地だったらしいんです。

私よりも、夫のほうが「そんな古い怪談のオチみたいなこと本当にあるんだね」って驚いていましたよ。それ以来、そういう話を馬鹿にできなくなっちゃいました。

あ、ちなみにその後は引っ越すまで平和だったことも、念のために報告しておきます。同級生のご親族が口利きしてくれて、墓地を管理しているお寺さんで法要をおこなってもらったんですよ。それを境に、部屋は普通の気温になりました。

いまでは夫と「夏が終わるまで法要を我慢すれば、冷房代がお得だったかもね」なんて笑い話にしています。笑い飛ばさないと、怖い思い出になってしまうので。

ある作家の死

【日時と場所／二〇二二年四月九日・高畠町旧時沢小学校】
【話者／県内在住の五十代女性：高畠熱中小学校「高畠の怪談」参加者】

忘れもしません、一九九五年の十二月でした。

その日の午後、私はおせち料理の材料を買うために車で市街地へ出かけていたんです。運転手は私、助手席には当時まだ免許のなかった夫が座っていました。

すると、点けっぱなしのカーラジオから「作家の星新一《ほししんいち》さんが亡くなりました」というアナウンサーの声が流れてきたんですよ。

思わず、ハンドルを握りしめたまま「ええっ」って叫んじゃいました。

私、中学生のころはショート・ショートが大好きで、星新一さんとか都筑道夫《つづきみちお》さんとか阿刀田高《あとうだたかし》さんとか夢中で読んでいる子だったもので、ニュースにとても驚いてしまって。「星なんとかって有名なの」と言う夫に、思わず「なんであの星新一を知らないの」って怒っちゃいました。いや、それほどショックだったんですよ。買い物から帰ってくるなり、実家の母へ「ちょっと、星新一が死んだって」と電話をかけたくらいですから。

ところが――。

死んでなかったんです。

星さんが亡くなったの一九九六年の十二月なんです。はい、私がカーラジオで訃報を聞いた日から、ちょうどぴったり一年後だったんですよ。

だとしたら、私たち夫婦があの日聞いたニュースはなんだったんでしょう。

それこそ星さんの小説みたいで、いまも心に残っている出来事です。

茶飲まず話

【日時と場所／二〇二二年六月二十六日・白鷹町ハーモニープラザ】
【話者／同町在住の七十代女性：鮎貝語り部クラブ「語り部の会」参加者】

わたしの主人、入院中に容態が悪くなって余命宣告されたんですよ。お医者さんからは、人工呼吸器をつけるかどうか検討中だと言われてね。「いまのうちに会わせたい親族に連絡しておいてください」と念を押されたんです。でもわたし、主人のたったひとりの身内である義妹には知らせなかったんですよ。なんでだべね、そのときは「そんなはずない、父ちゃんは助かる」って信じたかったんだと思います。知らせたら、主人が死ぬことを認めてしまうような気がしたんでしょうね。

結果的には、お医者さんが正しかったんですけど。はい、翌日に亡くなって。

そしたら、十三回忌の法事の席で義妹夫婦が「義姉さん、あの晩に兄ちゃんが我が家へ来たんだよ、足もあったから幽霊でないよ」なんて、いきなり言うんです。

「遅い時間に突然やってきたもんで驚いたけど、うちの旦那が〝せっかく来たんだから、まンずお茶でも飲んでけろ〟と言ったの。でも兄ちゃん、ふらふら廊下の奥へ消えてって。〝便所にでも行ったんだべ〟と待ってたんだけど、とうとう帰ってこなかったんだよ」

義妹が教えてくれた時刻は、ちょうど病院で人工呼吸をつけるかどうかの話をしていた時間帯でしたから、行けるはずがないんです。彼女ひとりだけであれば「夢でも見たんでないの」と言えるんですが、夫婦ふたり見たとあっては信じる以外ないですもんね。「よほどあんたに会いたかったんだべ」と、その日はしんみり終わったんですが。

十三回忌の数日後、用事があって義妹に電話したら「やっぱり」って笑うんですね。「今日、兄ちゃん出たんだ。〝うちのおっ母が電話してくっから、まンずよろしく〟ってお辞儀して、今度も廊下の奥に消えてったよ」

主人、こんなに経っても成仏してないんですかね。それとも向こうからちょくちょく還ってきているんですかね。

どうして、わたしのところには来てくれないんでしょうね。

下駄が鳴る鳴る

【日時と場所／二〇二二年六月二十六日・白鷹町ハーモニープラザ】

【話者／同町在住の七十代女性：鮎貝語り部クラブ「語り部の会」参加者】


いまのお話、自分に似ているのでたいそう驚いてます。

私の場合は姉なんですよ。昭和二十四年、結核で若くして亡くなりました。

当時はまだ特効薬がないころで、病院に入るか自宅療養するしか手がなかったんです。

そこで姉は嫁いだばかりの家から、ひとまず実家に帰されたんです。当時は「厄介払いをしたに違いない」とひそかに恨んでいましたが、いま思えば「住みなれた家で最期を迎えさせてやろう」という心配りだったのかもしれません。


ある晩のことです。姉の嫁ぎ先でみなが夕飯を終えたころ――。

かたん、かたたん、と下駄の音が聞こえたというんです。

一瞬「嫁か」と思ったものの、こんなに早く帰ってくるとは思えない。

否――そもそも、あの娘が元気になるわけがない。生きて戻るはずがない。家族が顔を見あわせているあいだにも、かたん、かたたん、は近づいてくる。その場の全員が身がまえるなか、今度は窓に面した障子を、すう、すすう、と指先で撫でるような細い音がしたんだそうです。
「……やっぱりあの嫁コでねえのが。なして、いつまで経っても入ってこねえのや」
誰かがそう漏らすと同時に、ベルが鳴って。
はい――姉の死を報せる、我が家からの電話でした。

この話も、ずいぶん経って法事の席で「実はあのとき……」と告白されたんです。今日、ほかの方の話を聞いて「そういうことは本当にあるんだ」という驚きとともに、嫁ぎ先のご家族が長らく口にしなかった理由も腑に落ちました。死者に遭った体験というものは、鮮やかな記憶が死んで思い出に変わるまで、なかなか語れないのかもしれません。思い出になるということは、ちゃんと死ぬということなんでしょうね。
なんとなく、姉を今日やっと送りだせたような気がします。

わがこ

【日時と場所／二〇二二年六月二十六日・白鷹町ハーモニープラザ】

【話者／置賜地方在住の七十代女性：鮎貝語り部クラブ「語り部の会」参加者】


四十年前に子供を亡くしています。息子です。

怪我をしたんですが、出血がひどくて米沢の救急病院に担ぎこまれたんです。まる一日付き添っていたんですけど、私が憔悴してるのを見かねた主人に「いったん家さ帰って、入院の支度するべ」と諭されたんですね。お医者さんも「容体は落ちついていますよ」と言うものだから、ひとまず主人の運転で自宅へ戻ることにしたんです。

そしたら――その道中で車が、ガタタタンッ、と浮きあがるくらい跳ねて。停まって確認したけど石も見あたらないし、穴も空いてないし。だから私「父ちゃん、たぶんあの子死んだよ」と言ったんです。主人は「馬鹿言うな」って笑いましたけど。

そのとおりでした。

家に着いたら、玄関の向こうで電話がものすごい勢いで鳴っているんです。

慌てて鍵を開けるあいだも、ずっとベルが鳴り止まなくて。ようやく戸を開けて、靴を脱ぎ捨てて受話器をもぎとったら、やっぱり病院からの連絡で。

私たちが出てまもなく、息子が亡くなったって。

息を引きとったのは、ちょうどあの車が跳ねた時刻で。

「偶然だよ」なんて言わないでくださいね。寂しくなるので。

柱の陰から

【日時と場所／二〇二二年六月二十六日・白鷹町ハーモニープラザ】
【話者／同町在住の九十代女性：鮎貝語り部クラブ「語り部の会」参加者】

亡ぐなった人の話ばり《ばかり》聞いであったら、オラも思いだしたっけな。
親戚づきあいしてる家の母ちゃんが中風で死んでよ。んだ《だから》さげ和尚《オッ》さま呼ばってきて、
枕経あげでもらっておったんだど。
したらよ、その家ァ仏壇の脇サ床柱があるんだけどの。
その陰に、死んだ母ちゃん立ってんだど。
半分だけ顔ァ見しぇで、むごさい《悲しい》ツラしておったんだど。
見だのは、その家の十九になる娘なんだ。その子がオラさ相談してきたのよォ。
葬式ァ父ちゃんも居だっけがら「親父サマも見だのが」ど聞いたら父ちゃんはなんも
見えでねがったんだど。んださげ娘ッコ、誰サも言えねくて困っておったんだな。
「んだら、ワカ《巫女》さ聞いでみろ」ってオラ言ったんだ。

昔ァ、困りごとだらワカに行ぐのが一番だったなね。どの村サも居だったんだ。

そいで娘ッコが訪ねでいったればよ、

「お前ェのこと心配で出てきたんだ。心配で、心配すぎて、なにが心配だったもんだが、自分でも判らねぐなってでんだべ。そのうち逝っから、やんばい待ってろ」

ワカ、そう言って頭撫でてけったんだど。


でもよォ、四十九日終わっても母ちゃんずっと柱の陰で顔ば半分見せでおったんだ。ようやぐ消えだのァ、その娘が嫁サ行ぐ前の晩だど。

心配が解《ほど》けだもんで、お彼岸サ行ったんだべね。あそこの家ァ父ちゃん頼りねェもんな。んださげオラ、母ちゃんの心配する気持ちも判るったなね。

その家の父ちゃんも娘もとっくに亡ぐなった。生きでんなァ、もうオラだけだ。んださげオラが柱の陰がら顔ァ見しぇでも、誰も見つけでくれねェんだ。はっはっは。

宣誓

【日時と場所／二〇二二年六月二十六日・白鷹町ハーモニープラザ】

【話者／県内在住の七十代女性：鮎貝語り部クラブ「語り部の会」参加者】


あたしが介護施設に勤めておったころの話です。

入所者さんにずっと寝たきりの爺ちゃんがおったんです。その人、あたしが夜勤の日に詰め所までいきなりやってきて、

「じっぷんまではもだねえど」

それだけ言ったら、ぺこりと挨拶して廊下に戻っていったんです。

介助がないと食事もできねえ人だもの、歩けるはずないんですよ。

「やんだ、幽霊がや。足はあったみたいだけンど」なんて思いながら、その人の部屋まで行ったれば、ちゃんと寝でおるんです。

ださげ「疲れて夢でも見ったんだ」と思うことにしたんですけどの。

翌日の夕方、その人死んで。

午後五時八分に亡くなったんです。そう、十分までは持たなかったの。
あたしが見たの、なんなんだべね。いまも思いだすと心がぞぐぞぐします。

三瀬のムジナ

【日時と場所／二〇二二年七月二日・遊佐町立図書館】

【話者／鶴岡市在住の三十代女性：講演会「遊佐の怪談と不思議」参加者】


わたしの祖父は、鶴岡市の三瀬《さんぜ》という地区に住んでまして。

海沿いなんですが、近くに山もある自然の豊かなエリアです。最近は旅館を改装した行列のできるラーメン屋さんで有名になりました。

いまでこそ国道七号線が走っていて交通の便も良いところですけど、祖父の若いころは田舎道しかない、それこそ「なにかが出そうな場所」だったようです。

というか、実際に出たみたいで。

ごく最近——と言っても、昭和の話ですけど。

ある日の夕方、祖父は家へ帰るために山ぎわの野道を歩いていたんだそうです。

すでに空が薄暗くなりはじめていたので、すこし早足で急いでいたらしいんですが——

いつまで経っても家が見えてこない。普通の速度でも到着していい時刻なのに、あたりの景色がちっとも変わらないんですって。

そのうち、周囲はどんどん暗くなっていく。日が暮れるだなんて思っていなかったから、提灯《ちょうちん》や懐中電灯も持っていない。このままでは、進むも戻るもできなくなってしまう。

「さて、どうすっか」と悩むうち、祖父は閃いたそうなんです。

俺はいま、ムジナに化かされてるんでねえか――。

鶴岡ってムジナの話が多いんですよ。「大山犬まつり」って祭りが毎年あるんですけど、あれも大ムジナを退治した猟犬を祀《まつ》ったものなんです。

それを思いだした祖父は道の脇にある大きな石へ腰をおろすと、タバコに火をつけて一服したんだそうです。祖父の祖父が教えてくれた知恵らしいんですが。

その途端、あたりを包んでいた暗がりが、ざかざかざかっと山のほうへ逃げるように散って。気づいたときには、空の色がもとに戻っていて。

おかげで、その後はまっすぐ家に帰ったんだ――と、祖父は話してくれました。

「それも国道ができる前の話よ。車が怖くて、ムジナはタヌキになってしまったんだ」

そんなことをあっさり喋るので「やっぱり化かすんだ」と、子供心に感動した記憶があります。

ひえていくのは

【日時と場所／二〇二二年七月二日・遊佐町立図書館】

【話者／同町在住の六十代女性：講演会「遊佐の怪談と不思議」参加者】


十年近く前、二月の出来事です。

その日は急な仕事が立て続けに入って、おまけに悪天候で渋滞したもので帰宅が遅くなってしまったんです。そこで私は「夕飯を外で食べようか」と家族に持ちかけました。もちろん子供たちは大喜び。

まもなく出かけるという段になって、いきなり私の体調がおかしくなりまして。

身体の右半分だけ氷枕でも押しつけられたように冷たくなっちゃって、異様な寒気が止まらないんですよ。あ、念のため申しあげておきますがコロナ前の話ですからね。

風邪でも引いたかなと思いつつ解熱剤を飲んでみたんですけど、まるで回復する様子がなくて。仕方なく「悪いけど、みんなで行ってきて」と家族を送りだしました。私はそのままソファで横になり、毛布をかぶったまま震えていたんです。

それでも、みなが夕飯から戻ってくるころには、原因不明の寒気も落ちつきはじめて。翌日もぶりかえす様子がなかったので、それきり忘れていたんですね。

その日から二週間あまりが経った、午後のことでした。

都内で働く甥っ子――実妹の息子から、いきなり電話がかかってきたんです。

連絡なんてくれたことのない子だったもんで、驚きながら「どうしたの」と訊ねるなり、

「母が玄関で死んでました」

とんでもない第一声に、私もう絶句してしまって。

「ここ数日連絡がつかないので不安に駆られて帰省したら、玄関の上がり框《かまち》に倒れてて。どう見ても……その、手遅れだったので、さっき一一〇番に通報したところです」

そこでちょうど、電話口の向こうからチャイムが聞こえまして。はい、警察官が妹宅に来たんですね。なので私は「落ちついたらすぐに連絡をちょうだい」と告げて、ひとまず電話を切りました。

結局、甥っ子から再び報せがあったのは当日の夜。検死を終えて、妹の遺体が葬儀場に運ばれたあとのことでした。詳しい内容も、そのときはじめて甥から聞いたんです。

検死の結果、どうやら妹は「帰宅の直後に心臓発作を起こし、そのまま上がり框に倒れたらしい」との話で。独り暮らしだったために、誰にも見つけてもらえず——そのまま。


受話器を握ったまま嗚咽を漏らす私に、甥っ子は説明を続けました。

「検死したお医者さんが〝亡くなったのは二週間ほど前でしょう〟って」

その言葉を聞いた瞬間、はたと気がついたんです。

もしかして、あのとき。右半身が異様に冷たかったのは——。

私の具合が悪くなったまさにあの瞬間、妹は亡くなったのではないか。床の冷たさを姉である自分に知らせていたのではないか。

人によっては不謹慎に聞こえるかもしれませんが——最期に妹と話ができたみたいで、それだけはすこし嬉しく感じています。


甥っ子にはいまも伝えていません。こんな話、聞いたところで困るでしょうから。

なので、この出来事は今日はじめて第三者に語ったんです。

今日が最初で最後、これからも話す気はありません。胸にしまって鍵をかけます。

バケビシン

【日時と場所／二〇二二年七月二日・遊佐町立図書館】
【話者／鶴岡市在住の三十代女性：講演会「遊佐の怪談と不思議」参加者】

（講演会終了後、私の著作にサインを求めながら）

あの、さっきの「ムジナがタヌキになった」って話ですけど、キツネやタヌキ以外も化けたりするものでしょうか。たとえば——ハクビシンとか。

二年前、夜中に鶴岡市内を夫とふたりでウォーキングしてたんです。

その道中、ぎゃあっ、ぎゃあっ、って悲鳴みたいな声が聞こえて。なにかしらと思って声のするほうへ小走りで向かったら、がらんとしたコインパーキングの隅っこで、動物がダマになって取っくみあいしてるんですよ。

はい、ハクビシンなんです。電線をとことこ渡っているのは見たことがありましたけど地面のこんな近距離、しかも喧嘩なんてはじめて目にしたもので、夫とふたりで「縄張り争いかな」「発情期なのかもね」なんて言いながら観察していたんです。すると——。

いきなり一匹が、ぼんっ、っていなくなったんです。
忍者が煙とともに消えちゃう術、漫画とかにあるでしょ。ホントにあのまんま。
残された一匹も、相手を見失って所在なさげにしてました。

なので私、いまどきの怪談の何割かはハクビシンの仕業だと思ってるんですよ。ほら、都会にも多く生息してるって聞くし。そのへん、ちょっと調べてもらえませんかね。

犬夢

【日時と場所／二〇二二年七月十八日・東根市まなびあテラス】

【話者／村山市在住の四十代女性：ひがしね百物語「をんな幽霊考」参加者】


四年前の話です。

長らく飼っていた犬が、リードをはずして行方不明になってしまったんですよ。

年齢は十五歳、とっくに目が見えない状態なので「そんな遠くまで行けないだろう」と家のまわりや近くの山を探したんですけど、見つからなくて。

心配で夜も眠れなかったんですが、一週間ほど経つころにはさすがに疲れてきまして。

それで夜中、半ば倒れこむように寝たら——夢を見たんです。

いなくなった犬が、我が家の玄関にうずくまっているんです。

足から血を流して、寂しげにクンクン鳴いているんです。

そこで、はっと目が覚めました。

夢とは思えないほど様子が生々しかったので、隣で寝ている夫を叩き起こして「いま、いま、私ね」と大泣きで告げるなり夫が――。
「うん。足が出血してたよね」
こっちが真っ青になりました。
彼もいま、まったくおなじ内容の夢を見ていたというんです。
はい、いまも愛犬とは再会できていません。
たぶんウチの子は、あの夜――だから、最期に来てくれたのかなと思っています。

マグロの味

【日時と場所／二〇二二年七月十八日・東根市まなびあテラス】

【話者／東根市在住の五十代男性：ひがしね百物語「をんな幽霊考」参加者】


昨年の春に祖母が亡くなりまして。

初盆ということもあって、その年の夏は久しぶりに親族一同が本家へ集まりました。襖を取りはらった大広間に座卓を置いて、料理の大皿をいくつもならべたんですけど、そのなかに近所の魚屋さんへ注文した刺身の盛りあわせがあったんです。

なにげなく箸を伸ばして、マグロをひときれ食べたんですが——味がないんですよ。やわらかい消しゴムを噛んでいるみたいで、風味もにおいも感じられないんです。

「こんなものをよこすなんて、魚屋のオヤジも耄碌《もうろく》したのかな」

思わずそんな文句を口にしたんですが、親戚には「別に普通の刺身だべ」と言われて。

唯一、隣に座っている父だけが「このマグロは味がしねえ」と、むっつり答えました。

まあ、そのときはそれ以上話題にしなかったんです。だってご時世がご時世でしょう。

「味覚障害だなんて疑われたらマズいな」と思ったもので。

でも——その夜に片付けをしていると、父が「おっ母《かあ》だべ」と静かに呟いて。

「マグロが大好物で、回転寿司に行ってもトロの握りばっか食ってたもんな。お盆だもの、俺とお前の口を使って食べたんだろ」

冗談の嫌いな父が真顔でそんな発言をしたことに、いちばん驚かされました。

翌日に残った刺身を食べてみると、マグロはちゃんと美味しかったです。

だから、父の言いぶんが正しかったんでしょうね。

おもひで

【日時と場所／二〇二二年七月十八日・東根市まなびあテラス】
【話者／県内在住の四十代男性：ひがしね百物語「をんな幽霊考」参加者】

私、忘れられない子供時代の光景がありまして。

年の瀬だと思うんですけど、家族で障子の張り替えをしている風景でね。私の近くには父や兄が立っていて、幼いわたしが障子を破かないよう笑顔で見張っているんです。母が手にしていた刷毛《はけ》の形状とか、筆先に付着した糊《のり》のにおいまで憶えていますよ。何気ない師走《しわす》のひとコマ、かけがえのない思い出として深く記憶に刻まれているんです。ないんですけどね。障子なんて。

ええ、我が家は全室洋間なので。

「親戚の家に行ったときの記憶かな」とも考えたんですが、家族に言ったら「ただでさえ忙しい年末に、ほかの家なんて手伝うはずがないでしょ」と笑われてしまって。

母によると「最後に障子を張り替えたのは、自宅を新築する前だ」って言うんです。

「前の家には和室もあったけどね。お兄ちゃんがまだ生きてるころだよ」

はい、いちばん上の兄は私が生まれる二年前に死にました。

親戚いわく「それが原因で家を建て替えた」らしいんですが、両親を問いただしても言葉を濁すばかりで、詳しいことは教えてくれませんでした。

なぜ、わざわざ家を建てなおしたのか。兄の死因はなんだったのか。

私が憶えているこの思い出は、いったいどういうことなのか。

いまも、なにひとつ判らないままです。

こっちゃこい

【日時と場所／二〇二二年八月十日・東沢コミュニティセンター】

【話者／山形市在住の六十代女性：「東沢と山の怪談」参加者】


私の母が五年前、生死の境をさまよったんです。

朝から頭痛がひどくて、かかりつけの病院に行ったんですよ。でも、ペースメーカーの所為でＭＲＩの検査ができないとかで、ひとまず頭痛薬だけ貰ってきたんです。

そしたら帰宅直後に意識不明になって、救急車で搬送されてしまって。

脳梗塞でした。お医者さんから「あとすこし遅ければ危なかったね」と言われました。

幸い、数日後に母は意識を取りもどしたんですが――私を見るなり開口一番「あの世を見てきた」と言うんです。はい、要するに臨死体験をしたんですね。

気がついたら色とりどりの花がいちめん咲いてる平野に立っていて、花畑のかなたに多くの人影が見えたそうで。はい、もちろん生きた人間ではないです。介護施設で逝った母の両親や、数年前に先立たれた夫、まだ乳飲み子のときに亡くした娘――死んだ家族や知人がおおぜい集まっていたらしいんです。

そこまでは、わりと聞く展開じゃないですか。この手の話の定番といいますか。

でも、その人たち——肩を組んで左右にゆっさりゆっさり揺れながら、

「こっちゃこい、こっちゃこい」

聞いたことのない童歌を合唱していたというんです。

「こっちゃこい、こっちゃこい、こっちゃこいこいこいこいこい」

その節まわしがあまりに愉快なので、母も思わず一緒に歌いたくなったんだそうです。

それで「こっちゃこい」と口ずさんだ瞬間、強烈な吐き気に襲われて、気を失って。

我にかえったときには、病院のベッドでチューブに繋がれていたんですって。


「あれは、本当に楽しそうな歌であったたっけなあ。一緒に歌いたかったたなあ」

すっかり快復したいまも、母は〈あのときの話〉をたびたび口にします。

「こっちゃこい、こっちゃこいこいこいこい」と嬉しそうに歌うんです。

口ずさむのは、きまってお盆とか父の命日だとか〈あのとき〉に遭った人と関係のある日なんですよ。いまも呼ばれているような気がして、娘としては怖いんですよね。

白いあなたは

【日時と場所／二〇二二年八月十一日・山寺芭蕉記念館】
【話者／山形市在住の十代女性：中学生、「今昔　妖怪・もののけ展」参加者】

小四だったか小五だったかのときに、少年自然の家へ学年キャンプに行ったんですよ。野外炊飯でカレーライスを作ったんですけど、わたしは片づけの係だったので、食事のあとに大鍋を洗ってたんです。えっと、こういう水道あるじゃないですか。

（話者、手ぶりで〈四角い柱〉のような形を作ってみせる）

上へ噴きだす水飲み用の蛇口がてっぺんについてて、下のほうに普通の蛇口と排水口があるやつです。そうです、公園にあるみたいな。あそこにしゃがんで、下の蛇口で大鍋をごしごし洗いました。普通の洗い場は、ほかの班が使ってたので。

そしたら——誰かが柱の陰から顔を左半分だけ出して、わたしを見てるんですね。

顔も髪も目も唇も真っ白な、おかっぱ頭の男の子です。

すこし昔っぽい服を着てました。あ、昔といっても和風の着物じゃなくて古い感じのジャンパーです。再放送のドラマなんかで見たりする格好です。

でも「えっ」と顔をあげたら、いないんです。

なのに、また鍋を洗いはじめると、やっぱり目の端っこに白い子がいるんですよ。

「幽霊かも」と思ったけど、あまり気にしませんでした。だって、たぶんこの場所にいる幽霊だから、明日帰っちゃえば二度と会わないので。

はい、見たのは片づけのときだけで、その夜はなにもありませんでした。


それで、いきなり話は飛ぶんですけど——翌年のお正月に親戚が集まったんですね。

みんなで料理を食べながらお喋りしてて、なんとなく両親やお祖母ちゃんにそのときの話をしたんです。そういうの「すべらない話」っぽくて盛りあがるかなと思ったので。

そしたら、全員が「え」みたいな表情になっちゃって。

「たぶんそれ、死んだお前の再従弟だ」って言われて。

その人、わたしとおなじ小四か小五のときに林間学校に参加したけど、夜に喘息《ぜんそく》発作を起こして、それが原因で亡くなったんだそうです。

わたしが見た白い男の子、その再従弟に顔も服もそっくりらしいんです。

「悪いモンでねえよ。親戚が来たから、懐かしくて会いにきたんだず」

お祖母ちゃんはそう言ってたけど――違う気がするんです。

白い子、すごく怒ってる感じで。だって、怒りすぎて顔が異様に変形してるんですよ。目が縦になって、唇が曲がって――えっと、こんな感じです。

（話者、両手で頬を強く押しつけ、顔を極端に歪ませてみせる）

その場は空気を読んで「そうかもしれないね」と嬉しそうなふりをして答えたんですが、おかげで最近、父に「コロナが終わったらキャンプに行こう。その子に会えるかもよ」と誘われてて。それが――いまは、すこし憂鬱で。

行っても平気ですかね。もう一度遭っても、大丈夫ですかね。

遺言

【日時と場所／二〇二二年八月十一日・山寺芭蕉記念館】

【話者／県内在住の二十代女性：「今昔　妖怪・もののけ展」参加者】


ウチの祖母《ばあ》ちゃん、二年前のクリスマスに入院先で亡くなったんです。病院から連絡を受けて吹雪のなかを駆けつけ、なんとか私だけ最期を看取《みと》ることができました。

行きがかり上、そのまま通夜がおこなわれる斎場へ付き添うことになったんですけど、そういう場合って、葬儀社が用意してくれた霊柩車で斎場に移動しないといけないんです。そこで、自分が乗ってきた車は病院の駐車場に停めっぱなしにして、祖母ちゃんを斎場に安置してから改めて車を取りに行くことにしたんです。

慌ただしく斎場で手続きを済ませると、タクシーで病院へ戻り、自分の車に乗って――。

いいえ、それで一件落着じゃありません。むしろそこからが大変でした。

両親は喪主なので席をはずせないでしょ。だから「お棺に入れる祖母の遺品を選んで、斎場まで持ってきてちょうだい」と、母から頼まれてしまったんです。

そんなわけで、さらに激しく雪が降りしきるなかを、自宅まで走っていたんですが――妙なことに気づきまして。

カーオーディオがまったく聞こえないんです。

いつのまにか、ボリュームのつまみがゼロになっているんです。

私、音が聞こえないと変に緊張する性格なので、運転のときはいつも音楽を流しながらノリノリで走るんですよ。多少ボリュームを調整することはあっても、無音なんて絶対に考えられないんですね。現に「祖母ちゃんが危篤」と聞いて病院へ向かっている道中は、K‐POPを大音量で聴いていましたから。

なんでだろう――と考えるうちに、ふっと思いだしたんです。

そういえば、祖母ちゃんが入院する日もロックをガンガンかけてたんだっけ。あのとき祖母ちゃん、後部座席で「安全運転しろな。お前サなんか遭ったら、バアちゃん死んでも死にきれねえからよ」なんて言ってたもんな。

じゃあ、いまも「吹雪だぞ、気ぃつけろ」と、最期に忠告しているのかな――。

なので、その日は音をミュートにしたまま走り続けました。

はい、まだ一件落着じゃないんです。葬儀のあともカーオーディオ、何度ボリュームをあげても、いつのまにか音量がゼロになっちゃうんです。

ようやく普通の状態に戻ったのは二月半ば、四十九日法要の帰り道でした。

だから「ああ、やっぱりな」と改めて納得しましたね。

2023

あしあと

【日時と場所／二〇二三年七月三十日・中山町立図書館ほんわ館】
【話者／県内在住の七十代男性：「夕涼み・浴衣で図書館怪談会」参加者】

定年退職して十年以上経ちますが、かつて私は家電メーカーに勤めていました。はい、誰でも社名を知っている大手企業です。山形市にも支社があって、私はそこに数年ばかり配属されていたんです。

これからお話しするのは、そのころ体験した出来事になります。

当時は、新しく発表された家電をお披露目してお客さまへ販売する「展示会」が頻繁におこなわれていましてね。開催するのは町の電器屋さんですが、メーカー社員も手伝いに駆りだされ、展示や接客に奔走するんです。忙しいながらも楽しい時代でしたね。

十一月半ば、とある週末の早朝でした。

庄内地方の電器屋さんでおこなわれる展示会を手伝うため、私はセールス担当の同僚とふたりで、社用車に商品を積みこみ山形支社を出発したんです。

いまでこそ山形市がある内陸と日本海沿いの庄内地方は高速道路で結ばれていますが、当時はまだ一般道しかありませんでした。出羽三山《でわさんざん》を越える、通称〈月山《がっさん》道路〉ですね。うねうねと続く山道、連続する薄暗いトンネル——そんな悪路を私と同僚はおよそ二時間、ひたすら車で走りながら庄内まで向かったんです。

そんな苦労の甲斐あって、展示会は大盛況に終わりました。

最後のお客さまをお見送りしたのは午後九時過ぎだったと思います。もちろん、すぐに直帰できるわけじゃありません。飾りつけを撤去したり商品をワゴンに積みこんだりと、片づけ作業に一時間半はかかります。ですから電器店を発って車を山形方面に走らせ、月山道路に差しかかったのはさらに遅い時間、まもなく日が変わる時刻だったはずです。

街路灯も次第に減り、闇が濃くなっていくなかを走るうち、雪が降りはじめましてね。山形でもっとも標高の高い月山ですから、晩秋に雪が降ってもおかしくはないんですが、マズいことに私たちの車はノーマルタイヤだったんですよ。

積もっていなきゃ大丈夫だろうと高を括っていましたが、進むごとに雪は激しくなり、ついには目の前の道路が真っ白になってしまいました。こうなると、いつスリップしてもおかしくない。社用車で事故なんぞ起こした日には目もあてられません。

そこで「どこかに車を停めてチェーンを装着しよう」という話になり、トンネルを出た先にある停車スペースへ、命からがら滑りこんだんです。

と、なんとか事故を免れた幸運に安堵したのもつかのま——同僚が、

「おい」

私を肘《ひじ》で小突き、前方の電話ボックスを指しました。

我々が避難した停車スペースの片隅には、公衆電話のボックスが置かれていましてね。そのボックスのなかで、作業着姿の男性がこちらに背を向け、電話をかけているんです。携帯電話がない時代ですから、それ自体は別におかしくないんですが。ただ——。

足跡がないんです。

かなりの積雪だというのに、電話ボックス周辺に足跡がまったく見あたらないんです。降ってまもない時刻ですので、積雪で掻き消されたとは考えにくい。

状況が理解できないまま男を凝視するうち、私はある事実に気がつきました。ないんです。

いえ、足跡ではなく。車が。

駐車スペース、私たち以外の車が停まっていないんです。

さきほども申しあげたとおり、山形でもっとも標高が高い山のなかです。当然ながらあたりには住宅地などありません。そもそも月山道路は自動車専用道路ですから徒歩で入ることはできないんですね。

震える私の隣で、同僚が「……いるよね」と呟きまして。

その途端――電話ボックスの男がこちらへ振りむいて、にぱああっ、と笑ったんです。

太い歯にひびわれた唇、無精髭だらけの浅黒な肌と黄色っぽい目。いや、何年経ってもあの形容しがたい笑顔だけは忘れることができません。

なにより、男が我々の言葉に反応したことが信じられませんでした。車との距離だってそこそこ離れているし、こちらは車内にいるんですから声など聞こえるはずがない。

でも、聞こえている。見られている。笑っている。

もうチェーンどころではありません。私たちはすぐにその場を離れ、何度もスリップに肝を冷やしながら、山道を猛スピードで逃げたんです。

ようやく会社に到着したのは、午前二時近くでした。

市街地ですから雪も降っておらず、あたりは等間隔にならぶ街灯と信号機、バイパスを走るトラックのヘッドライトで煌々としています。人間というのは、明るい場所にくると正気を取りもどすものでしてね。私も同僚もあれほど怖がっていた自分たちを、なんだか恥ずかしく思いはじめていたんです。

「なに、疲れていて足跡を見落としたに違いないよ」

「いや、あの男は僕らを脅かそうと待ち構えていたのかもしれないぞ」

「よくよく考えてみれば、足跡がなかったからどうだと言うんだ」

「スリラー映画も盛んなご時世に、足跡ごときで驚かせようなんて生温いよな」

溜まった鬱憤をはらすように私と同僚はあの男の悪口をさんざん言いあい、その日は解散したんです。胸のつかえも取れたし、この話はこれで終いだろうと思っていました。

ところが——。

翌朝出社すると、オフィスがちょっとした騒ぎになっていましてね。

「社員と連絡がつかない」というんですよ。ええ、あの営業担当の同僚なんです。彼は単身赴任のアパート暮らしだったもんで「急病にでもなっているのではないか」と、みな不安に思ったんですね。ええ、内心では最悪の事態も想定していたはずです。

昨日の一件が頭の片隅にあった私は、率先して確認役に手を挙げました。いざアパートに着いてドアをノックするなり、本人がのそっと顔を見せましてね。

「出ましたよ」

開口一番、そう言ったんですよ。

同僚は昨晩アパートへ戻るなり、シャツも脱がずに布団へ倒れこんだらしいんですがね。眠ろうと目を瞑った直後、誰かが腹の上に乗っかってきたそうなんです。あまりの重さに呻きながら目を開けると――あの男が。

電話ボックスの作業員が、にぱあぁあっ、と笑いながら同僚の腹の上にしゃがんで、彼の顔を見続けていたというんです。

「それが朝方まで続いて。身体は動かないし男は恐ろしいしで、もう大変でしたよ」

彼の告白にも、私はすなおに頷けませんでした。嘘をつくような人間ではないと思っていましたが、それでもおいそれとは信じられなかったんですね。

「たしかに昨日の男は妙だったがね、だからといって部屋に出るなんて……」

と、こちらが言い終わるよりも早く、同僚が「ほら」とシャツをめくりあげました。彼の腹部、赤紫に内出血しているんですよ。臍《へそ》のあたりを中心に、大きな蝶を思わせる形といいますか、数字の8を横にした形といいますか――まるで。

足跡がふたつ押しつけられたみたいな痣《あざ》が。


その後、同僚は数日休んだものの、幸いにも翌週には出社できるまでに回復しました。

ただ、それから私が異動するまでのあいだ一度も展示会には駆りだしませんでしたよ。

いや、本人は行きたがったんですけどね。私がなんやかやと理由をつけて断ったんです。なんとなく「二度目はないな」という予感がありまして。

あの男性の正体は判りません。トンネル工事で殉職した人なのか、それともたまさかあの場に居ただけのモノなのか。いえいえ、調べたりはしませんよ。

だって――知ってしまったら、私のところにも足跡をつけに来そうじゃないですか。

屍人坂

【日時と場所／二〇二三年八月五日・山寺芭蕉記念館】

【話者／県内在住の五十代女性：「山形もののけ夜話」参加者】


いまから四十年ほど前、小学生のころの出来事です。

私の実家は山形県南部のN市、M地区にあります。同地区には「拝殿に彫られた三羽の兎《うさぎ》を見つけると幸せになる」なんて言い伝えの神社がある——と聞けば、山形の方は察しがつくのではないでしょうか。我が家は、そんなM地区のなかでも山に近いエリアの高台に建っていました。まわりは人家こそ何軒か建っているものの、商店の類はほぼ皆無。街灯も数えるほどしかないという、昼でも静かな地域だったんです。

そんな場所で育った反動なのか、私は人の多い市街に出るのを好む性格の子供でした。スポーツ少年団で剣道を習いはじめたのも、友だちと遅くまで一緒にいられるからという単純な理由です。ただ、稽古中はにぎやかで楽しい反面、練習が終わると却って寂しさが募るんですよね。なにせ、M地区から通っているのは私だけ。帰りは独りぼっちで夜中の坂道をとぼとぼ戻らなくてはいけなかったんですから。

ある秋の、練習帰り――午後九時すぎだったと思います。

いつものように暗い坂を帰っていると、白いワイシャツ姿の男性が私の数メートル先を、てっくり、てっくりと大股で歩いているんです。「誰かしら」と目を凝らしてみれば、その人物は我が家とおなじ高台にある〈K〉というお宅の旦那さんでした。

Kのおじさんは寡黙な方で、私も挨拶程度しか言葉を交わしたことはなかったんですが、その日は闇夜がいつも以上に心細くて、思わず私はKのおじさんに声をかけ、横ならびで坂を歩きはじめたんです。

学校のこと、友だちのこと、剣道のこと。とめどない私のお喋りをおじさんは笑顔でじっと聞いてくれました。やがて、それぞれの家に分岐する二股の道までやってくると、おじさんは「じゃあ」とだけ言って、てっくりてっくり去っていきました。白いシャツが遠ざかっていくのを見守りながら、私は――。

（いきなり音声が途切れ、慌ててスタッフが替えのマイクを持ってくる）

あ、すいません。ありがとうございます。単なる電池切れなんでしょうけど、なんだか続きを喋って良いものか、ちょっと躊躇しちゃいますね。いいえ、大丈夫です。

ええと、夏の出来事までは話しましたよね。

じゃあ、続きを。

半年ほどが経った、冬の夜でした。

その日はやけに厭《いや》な予感がして、せっかくの剣道も集中できずにいたんです。なにがそんなに厭だったのかと訊かれても、いまでも上手く説明ができません。とにかく「あの坂道を帰りたくない」という漠然とした不安が拭えなかったんですよ。

だから私は稽古が終わるなり、ポシェットに入れていた緊急連絡用の十円玉を使って、公衆電話から自宅に電話をかけました。

「お願い、今日だけ車で迎えにきてほしいんだけど」

けれども、ウチの母は厳しい人で「お前が好きで通ってんだから、ちゃんと自分の足で戻ってこい」と、にべもなく突っぱねられてしまったんですよ。

なんて冷たい親なんだろうと憤慨したものの、これ以上駄々をこねれば剣道そのものを辞めさせられかねません。私は徒歩で帰るよりほかありませんでした。雪まじりの夜風が吹きすさぶなか、寒さと悲しさで止まらない涙をアノラックの袖で何度もごしごし拭いた感触は、いまでもはっきり憶えています。

やがて、街灯がしだいに減って、民家や商店が途絶え――気がつけば私は、あの坂の前に立っていたんです。

この真っ暗な道を、独りで進むのか。そんな鬱々とした気持ちで顔をあげると――。

驚くことに、Kのおじさんが前方を歩いていたんです。

あの日と変わらぬ服装で、てっくり、てっくり坂道をのぼっているんですよ。

見知った顔に出会えて安堵したものの、私は以前のように駆けよって話しかけることができませんでした。泣き顔を見られるのが恥ずかしい気持ちと同時に、おじさんに対して、なんとも言いようのない違和感を抱いたんです。

そこで私はKおじさんを尾行するような形で、付かず離れずの距離を保ちながら坂道を進みました。おじさんはあいかわらず、てっくりてっくり足を進めていましたが、やがて二股に到着するとK宅の方向へ去っていきました。

闇に溶けていく白い背中を見送りながら、私は心のなかでKおじさんに感謝を述べて、我が家へと走ったんです。

玄関のドアを開けて母の顔を目にした瞬間、寂しさが怒りに変わりました。

「ちょっと、なんで迎えにきてくれなかったのや。それでも母親だがした」

けれども母は、乱暴な物言いで不満をぶつける私を一顧だにせず、

「具合が悪いならともかく〝厭な予感がする〟なんて理由で迎えにいけるわけないべ」

と、つれない返事をするばかりです。

その勝ちほこった表情がいっそう腹立たしく、私は悔しまぎれに「ま、別に迎えなんか要らなかったけど」と吐き捨てました。

「Kのおじちゃんと一緒に帰ってきたから、怖くなかったし」

そう告げるなり、母が「Kのおじちゃんって誰だや」と言って。

「なに寝ぼけてんの、お母さん。二股の先にある家の旦那さんだべした」

小馬鹿にした私を、母は怒るでも笑うでもなく、すこし口ごもってから――。

「おじちゃん、去年の秋に農薬自殺したべした」

その科白で、ようやく違和感の理由に気づきました。

私がアノラックを着ていたのに、おじちゃんは半袖のワイシャツだったんですよ。

それから剣道を辞めるまでの二年半、遅くなった日は母が車で迎えにきてくれるようになりました。嬉しくはあったんですが、あんなに厳しかった人が、なぜ急にそんなことをしてくれるようになったのか、いまでも不思議に――。

（二本目のマイクも電源が切れる。話者「もう無理です」と言いながら席に戻っていく）

賽の河原に行くひとは

【日時と場所／二〇二三年八月十日・東沢コミュニティセンター】

【話者／山形市在住の六十代男性：「東沢と山の怪談」参加者】


十二年ほど前、酒田市《さかた》の飛島《とびしま》って離島に行ったんです。

いろいろあって息抜きがしたくなりましてね。独りになりたかったので、観光シーズン前の六月初旬に訪ねたんですよ。

ひなびた港で無為に過ごしたり、メニューが一種類しかない食堂でラーメンを食べたり、あとは旅館のおばちゃんが「島にしか咲かないトビシマカンゾウの花が見頃だよ」なんて教えてくれたので、黄色い花が咲く海岸を散策したり——そうやってブラブラするうち、妙な地名を看板に発見しまして。

黒木さんも本に書いてましたが、島の南に〈賽の河原〉という場所があるんですよね。私は当時、その存在を知らずに「変な名前だな」と気まぐれで足を向けたんです。

いや、ひとめ見て驚きました。まさに三途《さんず》の川のほとり、賽の河原でしたよ。

基本的に、飛島の浜に転がっている石はゴツゴツと角ばっているんです。けれども賽の河原だけは「研いだのか」と思うほど丸い石で一帯が埋め尽くされているんですね。絶景というか奇景というか、とにかく異様な眺めに戸惑って、私はすこし離れた場所に立ち尽くしていました。すると、敷きつめられた丸石の向こう——すこし丘になっているあたりに小ぶりのお社《やしろ》が見えたんです。

なにを祀っているか知らないけれど、どうせだから拝んでおくか。

そう思いたって、丸石の絨毯に一歩踏みこんだ、次の瞬間。

ものすごい数のまなざしを感じたんです。

「視線が突き刺さる」なんて表現がありますけど、まさしく刃物で肌を突かれたような感覚で。いやいや、敵意とか殺意とは違うんですよね。訴えかけるみたいな雰囲気とでもいいますか、こちらの胸がぎゅうっと締めつけられる目、目、目の群れなんです。

もちろん、あたりは私以外に誰もいません。

もう鳥肌がざわざわと立って、すぐに宿まで帰ったんです。それで旅館のおばちゃんに「賽の河原で変な目に遭いましたよ」と告げたら、こっちがみなまで言うより早く、「お客さん、もしかして宮城の方？　それとも岩手？」

そう訊ねてくるんです。

「いえ……山形市の出身ですけど」と答えたら「じゃあ違うか」と。

「いえね、先月の連休は、賽の河原を訪ねて宮城や岩手から来る人が多かったんですよ。そういう人はきまって〝死んだ家族の声が聞こえた〟とか〝行方不明の親戚が近くにいると感じた〟なんて仰《おっしゃ》るんです。だから、てっきりお客さんもあっちの人かと思って」

その言葉を聞いて絶句しました。

だって私、あの日に宮城で被災してるんです。

職場が仙台市郊外にあったもので、地震も津波も体験したんです。

同僚が数名、あとはその家族や知りあいが何人も亡くなりました。命は助かったけども家を無くしたなんて仲間は、もう数えきれません。

はじめに私、「息抜きがしたくて」と説明したでしょう。被災地で復興支援に携わるうち、身も心も削れてしまいましてね。それで飛島を訪ねたんですよ。

まさか、亡くなった人が集う場所があるなんて知りもせずに。

それで、あの数えきれない視線の意味がようやく理解できました。

やっぱり、私に訴えかけていたんでしょうねえ。
二〇一一年六月、震災から三ヶ月後の出来事です。

三角域

【日時と場所／二〇二三年八月十日・東沢コミュニティセンター】
【話者／県内在住の六十代男性：「東沢と山の怪談」参加者】

今年の春、県内にある[redacted]の森という場所へトレッキングに行ったんです。

湧水がこんこんと湧いていて、周囲に大きな杉の木が生えているんですけど、その杉がすこし変わっていましてね。普通は杉の樹皮ってまっすぐ垂直じゃないですか。ところがその杉皮は捻《ねじ》れているんですよ。床屋さんのクルクルまわる三色の看板みたいな螺旋状になっているんです。おまけに、捻れ杉は一本じゃないんですね。すぐそばに似た形状の杉が二本あって、まるで巨大な三角の結界が張られているような状態なんですよ。

いやあ、面白いもんだと思ってね。「山の神は芸術家だな」なんて冗談を言いながら、なにげなく三角形の内側へと踏みこんだんです。瞬間、ものすごい眩暈《めまい》に襲われまして。遊園地のコーヒーカップに乗ったときそっくり、視界がぶんぶん回転するんです。

慌てて三角を抜けると、すぐに体調不良はおさまりました。あんまり不思議だったので何度か出入りしてみたんですよ。クラクラ、普通、クラクラ、普通なんて感じで。で、さすがに具合が悪くなってきたので「帰ろうかな」と思って腕時計を見たら、針がまるでデタラメな時刻を指しているんです。朝には正しく動いていたのに。

「ああ、これは磁場云々ってヤツかな」と、ひとり納得して山を下りたんですが——。

家に帰ったら、自宅にある時計が全部おかしくなっていました。

壁掛けのアナログからデジタルの置き時計まで、ひとつ残らず狂っているんです。

いったい、どういう理屈なんでしょうかね。いまでも不明のままです。

だから、雪が降る前にもう一度[redacted]の森に行って再チャレンジしてみようかどうか、迷っている最中です。まわりは「やめておけ」と言うんですが、気になるんですよね。

ピンホールの男

【日時と場所／二〇二三年八月十一日・山形県立図書館】
【話者／山形市内在住の三十代男性：「山形の怪談と不思議」参加者】

あの、「質疑応答ではなく怪談を話してほしい」と仰っていましたが、私の体験を喋ったあとに、すこし質問してもよろしいですか。あ、はい。ありがとうございます。

十年前の夏、某所から山形まで夜行バスで帰ってくるときの話です。

そのバスはシートが三列仕様になっていまして、私は右窓側の一列目に座っていました。運転席の真後ろといえば、位置を理解してもらえますかね。

それで私、アイマスク代わりにピンホールマスクというものを持参しておりまして。形状はアイマスクそっくりなんですが、目の部分にちいさな穴がいくつも空いているんですよ。そこから外を見ると、いわゆる覗き穴みたいな状態になるでしょ。それによって視力が矯正されるので、目が良くなる――という触れこみの商品です。

何年も前に気まぐれで買ったまま放っておいたんですが「夜行バスに乗るんだったら、

わざわざアイマスクを買わなくてもこれで代用できるだろう」と持ってきたんですね。

ええ、着け心地は良好でしたよ。目を瞑ってしまえばアイマスクと変わりませんから。

おかげでバスが出発するなり、まもなく眠ってしまったくらいです。

それから二時間――いや、三時間くらいは経っていたのかな。

バスが停まる気配で、ふいに目が覚めまして。ずっとエンジンがアイドリングしていて、どうやらトイレ休憩かなにかで停車したような雰囲気なんですね。

私は「そのうち発車するだろう」と、ピンホールマスクを装着したままで待っていたんですが、なかなか動く様子がなくて。悪いことに私の席はエンジンの振動がダイレクトに響くもので、眠気が吹っ飛んでしまったんです。

帰ってこない人でもいるのかな、迷惑な話だ――なんて、すこしイライラしながら目を開けて、ピンホールマスクの穴越しに外を見ました。するとね。

私のすぐ脇、三列シートのまんなかに中年の男性が立っているんです。

ほら、夜行バスって乗り遅れた人がいないか、運転手さんが出発前に確認しますよね。最初はあれかなと思ったんです。でも、すこし変なんですよ。普通は後部に移動しながら乗客を数えていくでしょ。ところがその中年男性、全然動かないんです。精気のない顔で立ち尽くしたまま、ぼおっと前を見つめているんですよ。

「寝ている人を起こさないよう目視で数えているのかな」とも考えたんですが、それならカウンターでカチカチ数えたりとか、指さしで確認したりとかするじゃないですか。そういった様子もないんです。ただただ、うつろな表情で立っているだけで。

わけが判らないまま、私はその男をじろじろ観察していました。ピンホールマスクを着けているから、向こうはこっちの視線に気づかないだろうと安心していたんですね。

と、いきなり運転手さんのアナウンスが車内に流れまして。

「お待たせしました。まもなくドライバーの交代が完了いたします。お客さまは引き続きバスから降りずにお待ちください」

その声で私、思いだしました。発車のとき、「車内にお手洗いがあるから、トイレ休憩はありません」「途中で運転手交代のために停まるけど、一般道なので降りられません」ってアナウンスしていたんです。

え、じゃあこの人、なんのために乗客を数えてるの。

私は驚いて、思わずピンホールマスクを剥《は》ぎとったんですが――。

いないんです。すぐ隣にいたはずの男、消えてるんです。

マスクを外すまで、ほんの一、二秒。自分の座席へ戻るにしても、姿を見失うはずないんですよ。おまけに彼が立っていたシートには、女性が座っているんです。

再びバスが発車したあとは、山形へ到着するまで一睡もできませんでした。ピンホールマスクは二度と着けませんでしたよ。だって、また見えちゃったら厭じゃないですか。

それで、ここからが質問なんですけど。

後日、友人に「祖母ちゃんが〝指を組んで作った空間を覗くとお化けが見える〟って言ってたから、それとおなじ効果があったんじゃないの」と言われたんですよ。そういうものって本当にあるんですか。今日は、それを知りたくてこのイベントに来たんです。

はあ——狐窓《きつねまど》。おまじないの一種。狐狸《こり》の正体を見る方法。へえ、地方によっては股のあいだから逆さに覗いたりするんですか。なるほど、なんか面白いですね。

そうだ、良ければ黒木さんも試してもらえませんか。もし必要だったら私のピンホールマスクをさしあげますから、ぜひ一緒にお化けを見ましょうよ。

まあ、あまり楽しい気分にならないことは私が保証しますけど。

かぐわう

【日時と場所／二〇二三年八月十一日・山形県立図書館】

【話者／天童市在住の四十代男性：「山形の怪談と不思議」参加者】


二年前の体験になります。

そのころ、私は山形市内の会社に勤めておりまして、ほかの企業さんと同様に週の半分以上をテレワーク形式で働く日が続いていました。はじめのうちは通勤せずに済むことを喜んでいたんですけど、あの働き方は一長一短あって、出勤しないと処理できない雑事がけっこう溜まってしまうんですよね。

そんなわけで、その日も私は遅くまで山積みの伝票や書類と格闘していたんです。すべて終わったのは、夜中の十一時くらいだったと思います。ホッとして、座ったまま背伸びをした瞬間、オフィスの荷物がずいぶん減っていることに気づきまして。

「そうか……このビルとも、まもなくお別れだもんな」

私の会社が入居していた建物は築六十年以上経っており、耐震との兼ね合いもあって翌月には取り壊しが決まっていたんですね。なので、喫緊《きっきん》で必要ない事務用品や調度品は運びだすために撤去されていたんです。

がらんとした部屋に一抹の寂しさをおぼえつつ、私はフロアの電気を消してから退出し、廊下のロッカーに詰めこんでいる私物を片づけはじめました。整然としたオフィスを見て、「自分の荷物も整理しておかなきゃ」と思ったんですよ。

そんなわけで、持ち帰るのを忘れたシャツや得意先から貰いっぱなしで放置していたアメニティを段ボールへ投げこんでいた、その最中に――。

いきなり廊下の電気が消えたんです。

ああ、別に怪奇現象ではありません。廊下の照明は人感式のセンサーになっていまして、人の動きを感知すると一定時間だけ点灯する仕組みになっていたんですね。

これまでも何度か経験していましたから、特に驚くこともなく私は手を振ってみました。ところが、いつもなら再び点灯するはずの照明が消えたままなんです。何度手をあげても、身体を左右に大きく動かしてみても、まるで点く様子がないんですよ。

心霊云々《うんぬん》は信じない質《たち》ですが、それでもさすがにすこし焦りましてね。真っ暗闇のなか、私はスマホを照明代わりにしようと、手探りで鞄を漁っていました――すると。

香水の強烈なにおいが、ぶわぶわぶわっと鼻に届いたんです。

どんな感じ——ですか。たとえば他人の車に乗ったとき、嗅ぎなれない芳香剤で嗅覚がやられたりするじゃないですか。あんな感じだと思ってください。

もちろん、ロッカー内の荷物に香りが強い品物はありません。そもそも私物のにおいだったら開けた直後に気づきますよね。というか、そんな生易しい香りじゃないんです。

どう考えても、身体じゅうに香水を振りかけた誰かが近くに立っているんです。

しかし、この時間にほかの社員なんて居るわけがない。仮に居たとしても、廊下に出てくれれば靴音で判ります。

じゃあ、この香りの正体は——と思ったら、もう恐ろしくなってしまって。

「早く電気が点いてほしい」って気持ちと「頼むから点かないでくれ」という、矛盾した思いのまま、私はその場で硬直していたんです。

やがて、においが徐々に薄くなり、完全に消えると同時に廊下の照明が灯りました。

いやいや、荷物なんて無視ですよ。そのまま急いでビルから逃げましたよ。

あのときはじめて気づきました。変なモノを「目にした」とか「聞いた」って場合は錯覚や空耳で片づけられるけど、嗅覚だけは自分をごまかせないんですね。

その後、ビルは予定どおり解体されてしまいました。残念ながら人骨が出てきたとか妙な呪具が見つかったなんて後日談はありませんけど。

でも私ね、最近「あれはヌシだったのかもな」とか考えちゃうんですよ。

長らくあの場所に棲んでいた〈なにか〉が、建物を去るその瞬間に、自分は居あわせてしまったのかもしれない──更地になった建物跡を目にするたび、そう思うんです。

野次馬あるいは出歯亀

【日時と場所／二〇二三年八月十二日・東根市まなびあテラス】

【話者／県内在住の三十代男性：「山形の怪談と不思議」参加者】


私、学生時代は宮城県に住んでいたんですね。

大学のキャンパスが多賀城《たがじょう》市にありまして、お隣の仙台市から通学していたんです。

ええ、震災も体験しましたよ。ちょうど大学一年生の春休みでした。新学期になっても、そこらじゅう車が転がるなかを通学していましたから。あの光景は忘れられません。

それで——二年生になって、しばらくが経ったころです。

いつもどおり大学へ向かうため電車に乗っていたんですよ。キャンパスの最寄り駅で降り、改札方面の階段を下りていたら、雑踏のなかに人が立っているんです。

サラリーマン——なのかなあ。スーツも髪も、ちゃんとしている男性なんですけど。

その人、目が縦なんですよ。

人間の目って横長じゃないですか。それを九十度、ぐるっと回転させた感じなんです。

それが通路のまんなかで直立していて、無表情のまま、く、く、って首を鳩《はと》みたいに動かして、行き交う人を次々に目で追いかけているんです。センサーで反応するロボットみたいに機械的な――って言えば、想像してもらえますかね。

直感で「あ、絶対に見つかりたくない」とホームへ引きかえし、家に戻りました。

上手に説明できないんですけど――そのときは「あれだけの出来事が遭ったんだから、いろんなバランスが崩れて〈ああいうモノ〉だって来るよな」と変に納得しました。

うん、普通にそう考えてしまうくらい、あの時期はなにもかもおかしかったです。

やまどりい

【日時と場所／二〇二三年八月十二日・東根市まなびあテラス】
【話者／県内在住の六十代男性：「山形の怪談と不思議」参加者】

あの、最近は山のお化けが流行《はや》ってるんでしょうか。

私、林業を営んでいるんですが、孫に最近「山でモノノケに遭ったことはある？」とか「山で神様を見たことはない？」なんて訊かれるんです。まあ、そういう経験をした人もいるのかもしれませんが、個人的には〈山の怪〉って、もっと地味な気がするんですよね。

はい、そう考えるに至った経験があります。

何年前だったか、もう定かではありませんが——山仕事に出かけたんです。正確には、翌日からおこなう作業の支度をするために赴いたんですが。

車を細い野道のまんなかに停めて、そこから現場の雑木林に入りましてね。

一時間ほどで下準備を終えて「さあ、明日から本番だ」と戻ってきたら、タイヤの脇に細長い茶色のかたまりがあるんです。

枝でした。

大小の木枝が十数本、左右の前輪と後輪のまったくおなじ位置に置かれていたんですよ。駐車違反のとき、タイヤに輪留めを設置するじゃないですか。あのような感じです。

ただ、枝のならべ方が妙でしてね。

すこし説明が難しいんですけど、記号というか目印というか、そういう形なんですよ。いちばん近いのは鳥居――そう、鳥居です。神社の鳥居をふたつ、お互いを支えるように組みあわせた形状と表現すればイメージしやすいかもしれません。

あきらかに自然の産物ではないんですが、その場所って徒歩で気軽に辿りつけるようなところじゃないんですね。私も車で行くほどの、そこそこ山深い野道なんです。

おまけに私が作業していたのは、自分の車からそれほど離れていない場所なんですよ。仮にバイクや車がきたとすれば、絶対にエンジン音が耳に届きます。でも私、そんな音はまったく聞いていないんです。そもそも、私の車が退かないと先には進めませんから。

これは誰がやったのか。目的はいったいなんなのか。

もし、輪留めのつもりで置いたのだとすれば、自分はどんな〈違反〉をしたのか。いろいろと思いを巡らせながら、私は詳しく観察しようと小枝に一歩近づいたんです。すると――組みあがった小枝ぜんぶが、ぱらぱらっと目の前で崩れ落ちて。触れてもいないのに。風も吹いていないのに。

気づくと、無意識に手を合わせていました。いったいなにに祈ったものか自分自身でも判りませんが、そのときは「謝るしかない」と直感したんでしょうね。

ずいぶん長いこと合掌してから、私はおそるおそる枝を除けて車を発進させたんです。幸いにも翌日からの山仕事は怪我もなく、妙なことも起きずに終了しました。

他人は地味だと笑うかもしれませんが、想像してみてください。山のなかで独りきり、その状態であんなモノを目にしたら――みんな、私とおなじ心境になると思いますよ。

山の場所ですか。母子の幽霊が出ることで有名な――といえば、お判りでしょう。そういう場所ですから、変な現象があってもおかしくないのかもしれませんが。でも、個人的には幽霊ではなくて、もっと人間離れした〈山のなにか〉みたいに感じました。だから私ね、思うんです。

あの山に出る母子の幽霊というのも、あるいは山で狐狸が化かすなんて話も、もしや〈山のなにか〉の仕業じゃないんですかね。悪戯なのか警告なのかは判りませんけど。まあ、後者でないことを願うばかりです。

峠の女

【日時と場所／二〇二三年八月二十一日・高畠町立図書館】

【話者／同町在住の六十代女性：講演会「高畠奇談」参加者】


わたくしの生家は、高畠町《たかはたまち》の二井宿《にいじゅく》峠にございます。

知らない方には山奥の田舎と思われがちな二井宿ですが、宿という地名のとおり、昔は越後や宮城にいたる街道の宿場町でした。集落には伊達政宗公の陣場をはじめ奈良時代の古墳などもあります。かつては鉄道も通じており、祖父の代までは多くの方が行き交っていたそうです。そのような処《ところ》ですから、ときには変わったお客さまもお越しになるんです。


三十年ほど前のある日、我が家に見知らぬ女性が訪ねてまいりまして。

高畠町のお隣、南陽市は宮内から来たと仰る若い方で、ひんやりとした顔立ちが能面を彷彿《ほうふつ》とさせる、どこか古風な雰囲気のお嬢さんでした。

いえいえ、無碍《むげ》にあつかったりはしませんよ。さきほども申しあげたとおり二井宿は昔からの街道筋ですので、他所の方に寛容な土地柄なんです。

わたくしが「どういった向きの御用でしょうか」と問うなり、

「この峠を越えてきたが、途中に墓があるだろう」

女性はぶっきらぼうな口ぶりで、逆に訊ねてきまして。

彼女が示す場所にはたしかに古い墓所がありました。山肌に墓が何基もならんでおり、我が家の墓石もその一角に建っていたんです。もっとも──かなり高い位置にあるため、道から見あげてもそれとは判らないのですが。

「戸惑いつつも「はい」と答えるや、女性は「あの墓地の前をとおったが、何人も視えて仕方がない。お祓いしてやりたいけれど、番地が判らないと難しいので古い地名を教えてもらえないか」と仰るんですね。

さすがに、わたくしも「これは怪しい」と身構えました。

この人、住所を訊ねるふりをして物を売りつける気ではないか。乾物や野菜の類ならひとつふたつ購入するのもやぶさかではないけど、格好を見るかぎり農家とは思えない。ならば、数珠《じゅず》だの仏像だのを高額で買わせようとしているのかもしれない──そのように考えたのです。すでに霊感商法という言葉が知られて久しいころでしたしね。

「そりゃあ、お墓ですもの。ご先祖さまが眠っているのは当然でしょう」

わたくしは足元を見られぬよう、毅然とした態度で突っぱねました。

けれども女性は素気ない対応にも慣れているのか、さしてたじろぐ様子もなく「眠ってないから祓うんだよ」と笑ったのです。その笑みが、なんとも冷ややかでしてね。

思わずこちらが怯《ひる》んでいると、彼女はわたくしの目をまっすぐ見て、

「甚平《じんべい》を着た大人の男と、その隣にびしょ濡れの子供が立っている。赤毛の犬は猟犬か」

そう言ったのです。

心臓が止まりそうなほど驚きました。だって、だって。

全員に心あたりがあったんですから。

〈大人の男〉の衣服、若くして亡くなった従兄にうりふたつなんです。従兄弟は病気で床に臥せってから最期まで、ちぢみ絣《かすり》の甚平を寝間着にしていたんです。

子供というのは、その従兄の弟でしょう。貯水池に落っこちて溺れ死にました。

なによりも驚いたのは犬です。毛なみや大きさが、子供のころに飼っていた愛犬の容姿そのままなんですよ。秋の終わりに山で見失って、家族で毎日探したものの見つから

ず、翌春の雪が溶けたころ、田んぼの溝で発見されたのです。我が家へ戻ろうとして、途中で力尽きたようだと父が教えてくれました。

もはや拒む理由はありません。わたくしは古い字《あざ》が載った地図を引っぱりだしてくると、昔の番地や町名を彼女に教えてさしあげました。

女性は黙って聞いておりましたが「あいわかった」とだけ言うと、なにかを売りつけることもなく、そのまま玄関を出ていきました。墓地の方角へと去っていったので、たぶんお祓いをしに行かれたのだろうとは思いますが、二度と会うこともありませんでしたから真相は存じあげません。ただそれだけ、わずか五分ほどの出来事です。

三十年以上経ったいまも、ぞくりとする笑顔をたまに思いだしては「本当に人間だったのかな」なんて馬鹿なことを考えたりもいたします。はい、長々と失礼いたしました。

喧嘩をやめて

【日時と場所／二〇二三年八月二十一日・高畠町立図書館】
【話者／同町在住の四十代女性：講演会「高畠奇談」参加者】

私の家、映画館だったんですよ。いまどきのシネコンみたいな大きい施設じゃなくて、芝居小屋の延長みたいな昔ながらの映画館でね。ずいぶん前に閉館しちゃったんですけど、観客席を住宅仕様に改装したものを、私たち一家が購入したんです。

とはいえ特殊な造りだったので慣れるまでには時間がかかりましたね。スクリーンはそのままだし、あちこちに映画館の名残りはあるし。

はい——備品のみならず、いろいろと遺《のこ》っていましたよ。

きっかけは、十五年ほど前の夜でした。

お風呂に入っていたら、窓の向こうで怒鳴り声が聞こえまして。

「また殺されてえのか！」「うるせえこの野郎！」

誰かが我が家の敷地で喧嘩をしているんですね。声を聞いた感じだと、ひとりは老人で、もうひとりは若い男性。そのふたりが延々と相手を罵《ののし》っているんです。

その日は「酔っぱらいでもいるのかな」とあまり気にしなかったんですが――。

喧嘩、ずっと続くんですよ。

いえいえ、「翌日も」なんてレベルじゃありません。五年間ずっとです。

正確には、一年のうちで三週間くらいかな。なぜか夏場限定なんですけど、毎晩おなじふたりが罵声を浴びせあっているんですよ。騒々しいし、怖いし、近所迷惑でしょ。

それである夜、とうとう我慢できずに駐在さんを呼んで、風呂場まで引っ張っていって「ほら、聞こえますよね。どうにかしてください」と仲裁をお願いしたんです。

そしたら駐在さん、首を傾げちゃって。

「悪いけど、なんの音もしねえよ」って。

そこではじめて気がつきました。その声、お風呂場以外の場所では聞こえないんです。隣接している台所や、おなじ方角に面した部屋は静かなんですよ。

「そんなことってあるかしら」と混乱していたら、当時まだ幼かった息子と娘に「ママ、お巡りさんじゃどうしようもないよ」と、けらけら笑われて。

「だって人間じゃないもの」

「だから、パパもなにも言わないじゃん」

そういえば——夫は私が謎の喧嘩に怒っているときも、不思議そうな顔をするだけで、いっさい文句を言わないんです。聞こえているの、私と子供たちだけなんです。

困ったなあと悩みました。だって「あなたは聞こえないけど、ほかの家族には怒声が聞こえているのでお祓いさせてくれ」なんて妻に言われて納得する夫はいないでしょ。だからしばらくは我慢していたんです。どうせ夏場だけだし、もしかしたら蝉《せみ》や蛙《かえる》の鳴き声が、怒声に聞こえるだけかもしれない——なんて自分に言い聞かせて。

結局、そうではなかったことが判明しちゃうんですけどね。


あるとき「映画館時代によく通っていた」という、高齢の方と話す機会がありまして。しばらくは当時のよもやま話を拝聴していたんですが——ふいにその人、

「ま、あそこは人殺しがあったもんな」

物騒なことを言いはじめて。

なんでも、映画を観ながらお酒を呑んでいた人同士が口論のあげく刃傷沙汰になって、

片方が刺され、突かれ、斬られて——最終的に命を落としてしまったんだそうです。

「あ、それだわ。絶対その人たちだわ」と、一瞬で納得しました。

まあ、その話が本当ならひとりしか死んでいないはずなので、声がふたつというのは変なんですけどね。だとしても原因はそれ以外に考えられないだろうと。

そんな〈発見〉の直後、幸運にも偶然が重なりまして。夫に「老朽化して危ないから、そろそろ自宅を建て替えようか」と提案されたんです。

一も二もなく賛成すると、私はすぐに地鎮祭を担当するお寺へ赴いて和尚さまに事情を説明し「ついでに、あのふたりも祓ってもらえませんか」と頼みこんだんですね。

地鎮祭当日、和尚さまは我が家にくるなり「ひでえな」と顔を顰《しか》めました。

「殺さった兄コと、この家で祀ってる水神が喧嘩してんだ」

仰天しました。たしかに風呂場の外には石祠《せきし》があって〈水神〉と彫られているんです。けれども祠《ほこら》は草の陰にひっそり立っているので、家族以外は知らないはずなんです。

驚愕する私をよそに、和尚さまはこっそりお経をあげてくれました。

そのおかげなんでしょうね。その日を境に、声はぴたりと止みまして。

私も「やっと静かになった」と喜んでいたんですが——。

新居が完成してまもなく、息子とリビングでお喋りしていたんですよ。

そのうち地鎮祭の話題になったもので、なにげなく「あの人たち、居なくなったね」

と口にしたら、息子が「いや、まだ居るし」って。

「叱られたから喧嘩は止めただけでおなじ場所に立ってるよ。僕たちをじっと見てるよ」

はい。どうやらウチの子供たち、〈聞こえる〉だけじゃなかったみたいで。

まあ、うるさくないだけマシだよな——と、いまは半ば諦めています。

忌人坂

【日時と場所／二〇二三年八月二十五日・ブックユニオンたかはた】

【話者／関東在住の二十代女性：「山形怪談～高畠編～」参加者】


たまたま帰省したタイミングでこの催しがあると知りまして。「もしかして〝あの話をしろ〟ってことなのかな」と思い、参加しました。

五年前、祖母が亡くなったときの体験です。

祖母はお盆直前の八月九日に亡くなりました。そのためお寺さんが忙しくてお葬式の目処が立たず、ひとまず通夜会館を何日か借りて安置することになったんですね。

問題は夜通しの故人の世話――いわゆる線香守りでした。両親は各所への連絡やら香典返しの準備で、何日も線香守りを務めるのは難しい。そんなわけで、その晩は私が会館にある和室へ泊まることになったんです。

会館内は、エアコンが寒いくらいに効いていました。夏という季節柄、祖母の亡骸《なきがら》が傷まないようにする措置だったのですが、おかげで私は身体がすっかり冷えてしまい、明け方に用を足したくなって目を覚ましちゃったんですよ。

布団を出て、寝ぼけまなこでトイレを探していた——そのときでした。

じゃく、じゃく、と砂利を踏む足音が聞こえるんです。ゆっくりとした厳かな歩調は、あきらかに両親のものではありません。

はじめ、覚醒しきっていなかった私は「祖母が会いにきてくれた」と思ったんです。亡くなってまもないし、お盆だし、いかにもありそうな話じゃないですか。

でも、玄関で突っかけを履いてドアを開けようとした瞬間「あ、違う」と。

足音、どう考えても小柄な祖母の歩幅ではないんです。もっと大きな体格をした人の忍び足——まるで猫が小鳥に近づくような響きに思えたんですね。

音の主に気づかれてはいけない。そう直感した私は、逃げるように布団へ戻りました。

とはいえ「祖母だったのかもしれない」との疑念は拭えなくて。だから、朝になって父が通夜会館へ来るなり、私は数時間前の一件を打ちあけたんです。ところが「お祖母ちゃんだったのかな」と私が言うなり、父に「違う」と即答されて。

私が足音を聞いた同時刻、父は町内のゴミ捨て場へ行ったんだそうです。本当は夜のゴミ捨ては違反なんですが、葬儀で忙しくなる前に済ませておきたかったようで。

すると、燃えるゴミを捨てた直後——じゃく、じゃく、と足音が聞こえて。

ゴミ捨て場から数十メートル先、坂になっている道の向こうからお坊さんがこちらへ歩いてきたんだそうです。黒袈裟《くろけさ》と脚絆《きゃはん》という托鉢僧《たくはつそう》のような格好だったようですが、笠に隠れて顔は見えなかったとの話でした。

最初は「お盆だし檀家さんを訪問しているのかな」と思ったらしいんですが、それにしては時間帯がおかしい。不思議に思って、もう一度坂の上を見ると——姿がなくて。

「あれほど短時間で見失うはずがない。そもそも、あの坂は道に面した家がないんだよ。しかも通夜会館と我が家は数キロ離れているのに、おなじ足音を聞くなんて有り得ない」

いつも口数のすくない父が、ひどく饒舌でまくしたてるのに驚いちゃって。

「あんな怪しいモノに連れていかれる場所が、極楽なはずはない」

吐き捨てるように呟いた父の言葉が、いまも頭に残っています。

それから半年ほど経って、知人から借りた漫画に「坂や辻は異界との境界だ」という科白を見つけたんです。そのひとことで、あの日の出来事が腑に落ちました。

あのとき、足音の主に遭遇していたら、私――どこに連れていかれたんでしょうか。
お祖母ちゃん、まさかあの人に連れていかれたんでしょうか。だとしたら、どこに。

なりきれず

【日時と場所／二〇二三年八月二十五日・ブックユニオンたかはた】
【話者／県内在住の六十代女性：「山形怪談〜高畠編〜」参加者】

（怪談会終了後、私が乗りこんだ車の窓をノックして）

いきなりすいません。さっきの話あったでしょ。坂の上にお坊さんがいたってやつ。私も畑へ行くときに、その人見たんです。朝六時くらいかな。袈裟で托鉢笠を被っていたからおなじ人物だと思います。しかも私、すれ違うときに顔を見てしまって。人になりきれてない顔――って伝わりますかね。敢えて例を挙げるなら生まれたての赤ちゃんとか、子供に似せたお人形とか、お猿さんとか。そんな感じの顔でした。ほんの数秒でしたが、いまでも思いだすと寒気がします。あれ、なんなんですかね。

釘人形

【日時と場所／二〇二三年九月二十三日・小松クラフトスペース】
【話者／四十代男性：「秋田奇譚会」開催店舗の店主】

（怪談会が開催される会場を案内しながら）

ご覧のとおり、ウチの店は工芸品を展示販売するギャラリーなんです。

もともとは呉服店だったんですが、私に代替わりしたのを機にリニューアルしまして。世界各地から民具や古美術を集めるようになったんですね。

なかには黒木さんが喜びそうな、怪しいアイテムもありますよ。たとえば――。

（店主、ギャラリーの棚に飾られた一体の人形を手に取る）

これはコンゴの〈ンキシ・ンコンディ〉という人形なんです。十数年前にアフリカへ買いつけに行ったときに見つけました。すごいでしょ。全身を紐でぐるぐる巻きにされたうえ、片目、胸、腕とあらゆる箇所に釘が突き刺さっているんですよ。

はじめて見たときは「藁人形的な呪物の類かな」と思ったんですが、現地バイヤーに聞いたところ〈精霊と契約するための人形〉らしいんですね。ンキシは「精霊」や「薬」、ンコンディは「狩人」という意味だそうです。部族間や個人のあいだでなんらかの約束が交わされると、ンガンガと呼ばれる呪術師が契約のあかしとして釘を打ちこむんですよ。まんがいち、その約束が破られたときはンキシ・ンコンディが罰を与えるんだそうです。

ね、なんとも魅力的な人形でしょう。私も「これを所持していれば、なにかしら変事が起こるかもしれない」と一目惚れして、すぐに購入したわけです。

ええ、もちろん。ちゃんと〈変なこと〉が起きました。

買いつけから数週間後、ほかの品々と一緒に釘人形がお店へ届いたんですけど。まずは飾って、じっくりと眺めよう——そう思ってギャラリーの棚に置いた次の瞬間、人形の真上に設置されていたダウンライトが音を立てて破裂したんです。母もその場にいたんですが、あまりのことに腰を抜かしていましたよ。

さすがに予想外の事態だったもので「お祀りしたほうが良いんじゃない」という話になりまして、私もその案に賛成しました。ええ、自分は秋田県内の道祖神も研究しているもので、野の神々と似たような空気を感じたんですね。

どういう形で祀るべきか悩んだすえ、ンキシ・ンコンディは自宅の神棚に据えました。日本ならば日本流がベストですからね。お神酒《みき》と榊《さかき》も、ちゃんとお供えしましたよ。

それで、一週間ほど経ったころ「そろそろお神酒を交換したほうが良いかな」と、私は背を伸ばして神棚のお猪口《ちょこ》を手に取ったんです。

赤いんですよ。

お神酒、真っ赤になっているんですよ。

普通の日本酒ですからね、黄色く濁るとか煤が入って黒くなるようなことはあっても、赤く変色するなんて考えにくいでしょう。

「あ、やはり日本式は違うのかな」と思い、それからは普通の飾り棚に置いています。

(店主、人形に怯む私を笑いながら)

いやいや、そんなに怖がらなくても平気ですよ。なにせンキシ・ンコンディは、すでに〈中身〉が不在なんですから。じゃあ、最後にその話をしておきましょうか。

お神酒の一件が起こったあと、釘人形を棚に置いていたことはさきほど言いましたよね。実はその隣に、瓢箪《ひょうたん》で作られたアフリカ産の呪物もならべておいたんです。おなじ大陸の呪具なので、神棚よりは相性が良いかなと思ったんですよ。

ところがある日、ふたつとも同時に壊れてしまいまして。ンキシ・ンコンディは片足が折れて、瓢箪の呪物にいたっては割れてしまったんです。

壊れたのは二〇二一年三月十一日、東日本震災の日でした。

いえいえ、秋田はそこまで揺れが大きくなかったんです。現にお店の商品はほとんど無傷でしたから。はい、釘人形と瓢箪呪物のふたつだけが粉々になったんですよ。

あの瞬間、人形から魂が抜けたんじゃないか――。

単なる勘ですが、私はそんなふうに思っています。

その後、ンキシ・ンコンディは壊れた片足を修繕し、いまもこのように飾られているという次第です。なので、現在はなにも問題ない――はずです。

ほら、すこし触ってみませんか。ちょっと持ってみませんか。

ンキシ・ンコンディ(筆者撮影)

さて――ここから先の十数ページは、二〇二三年九月二十四日に、母校である東北芸術工科大学の学祭でおこなった〈怪談売買所〉の模様をお届けします。

怪談売買所とは、関西を中心に活躍する怪談作家・宇津呂鹿太郎氏が考案した「怪談を披露した者は対価として百円を受けとり、逆に怪談を傾聴した人間は百円を払う」というユニークな仕組みの怪談蒐集システムです。

二〇一三年、母校から「学祭で卒業生が現在の成果物を発表・販売するOBブースに出展してみませんか」と打診された私は、宇津呂氏よりアイデア拝借の許諾をいただいて、人生初の怪談売買所を開催したのです。

「往来を歩く人々を呼び止め、怪しい体験談を蒐《あつ》める」という試みはたいそう刺激的で、その後も私は学祭のたびに売買所を設置、あまたの怪談を聞く僥倖《ぎょうこう》に恵まれました。

新型コロナが流行して以降は参加する機会も絶えていたのですが、二〇二三年に学祭が通常開催の形式に戻り、怪談売買所も四年ぶりの復活を遂げました。

公共施設で観客から拝聴する怪談とは趣きがすこしばかり異なる、多様な語りの数々を楽しんでいただければ、これに勝る喜びはありません。

どうぞ暫しのあいだ、にぎやかな学祭の片隅にぽつんと据えられた、禍々しくも愉しいブースの雰囲気を味わっていただきたく存じます。

余談ですが、考案者の宇津呂氏自身は現在も精力的に怪談売買所を開催しております。その模様は弊レーベル刊行『怪談売買録　死季』、そしてライツ社『怪談売買所～あなたの怖い体験、百円で買い取ります～』に収録されています。〈元祖〉に興味をお持ちになった向きは、是非そちらも手に取ってみてください。

縦目

【日時と場所／二〇二三年九月二十四日・東北芸術工科大学学祭ブース】

【話者／山形市在住の二十代男性：友人と物見遊山で来校】


昨日、Y市まで行ったんスよ。高校の同級生が、法事で東京の大学から戻ってきたんで「メシ食うべ」って、そいつの実家まで車で迎えに行って。

そんで、びっくりドンキーでハンバーグ食ってからコンビニのATMに寄ったんスね。明日、この大学祭にくる予定だったんで、いちおう金を卸しておこうと思って。

そんで、車に戻ったらワイパーんとこに人形が立てかけてあるんスよ。

手作り系の人形っスね。汚れた着物で、髪がおかっぱの。ね。絶対にヤバいですよね。人形ってだけで怖いのに、目が縦ってなんだよと思うでしょ。

あ、言いませんでしたっけ。その人形の目、縦で。

普通の目を九十度曲げた感じの、菱形みたいな目なんスよ。

つうかコンビニのATMって外に面した窓側にあるじゃないスか。だから自分の車が

ATMのとこから見えるんス。誰かが置いたら一発で判るんスよ。

でも、誰も車に近づいてないんス。つうか、そのコンビニは田舎にあるんで俺ら以外の車は停まってなくて。おまけに一本道で、誰かが歩いてっと絶対に判るんスよ。

え、その人形スか。素手で触れるのが嫌だったんで、袖をぎゅっと握って手袋がわりにして、布越しに叩き落としました。なるべく見ないようにしながら車を出したんで、

そのあとどうなったかは知らないっス。

いや、じかに触ったらガチで呪われたと思いますよ。あれ呪物っス、呪物。

あ、メシ食った友人も一緒なんで、話聞いてみてください。

たのしいおしゃべり

【日時と場所／二〇二三年九月二十四日・東北芸術工科大学学祭ブース】

【話者／都内在住の二十代男性：「縦目人形」話者の友人】


あ、はい。その人形なら自分も見ましたよ。

そうです、ハンドメイドっぽい女の子の人形でした。目はちょっと記憶にないですけど、顔はちょっと粗雑な作りだったと――。

(友人が別なブースを見に立ち去るのを確認してから)

あいつ、なんて言ってましたか。ええ、夕食と、コンビニと、人形。それだけですか。

じゃあ、本人は気づいてないいんですね。

そのコンビニを出て、あいつの実家に泊まろうと山形に向かっていたんです。

そしたらあいつ、車のなかで延々と話しかけているんですよ。いや、自分じゃなくて、誰かと。まあ、車内には自分と彼だけなんですけどね。

「こういうものは溜める桶が変わるだけですから」

「吐きだした胸の裡《うち》は空になっても、そのぶん見聞きした人間が貰いますからね」

「だって、完全に人の姿だと人になりたがるじゃないですか」

「猿も人形も〈人のような〉です。〈ような〉だから拙《まず》いんです」

そんな意味不明な科白を、のべつまくなしに喋っているんです。

いつもと口調が全然違うんですけど、すごい楽しそうで。

うん、ちょっとヤバいかもしれないですね。もらい事故みたいなもんでしょうかね。

いや、自分は今夜の新幹線で東京に戻るんで正直どうでも良いんですけど。

じゃあ——あいつと会うの、今回が最後になるのかなあ。

月命日

【日時と場所／二〇二三年九月二十四日・東北芸術工科大学学祭ブース】

【話者／山形市在住の三十代男性：「卒業生の作品を買いに来校」】


地名や日時は伏せてもらえるんですよね。はい、だったらお話しできますよ。

自分、数年前まで関東のK県警に勤めていたんですけど。

いまは退職して地元の山形に帰ってきたんですが、現役時代はK県各地の警察署に配属されていました。そのうちのひとつ、Aという警察署の話です。

このA署の管轄は事件や事故が多いことで評判でして、しょっちゅう現場急行の指令が入るんです。通報の絶えないエリアはだいたい決まっていて、多くは飲み屋さんがならぶ駅北口あたりや交通量の多い国道沿いでした。ただ――なかには事情を知らない新米だと「なぜ、ここで通報が頻発するんだろう」と首を捻るような場所もあるんですよ。

Y橋も、そんな〈謎多きエリア〉のひとつでした。

ここは一級河川に架かる大きな橋なんですが、実は自殺の名所としてひそかに知られた場所なんです。なにせ橋の高さが約三十メートル、川幅も広く水深もかなり深いですから飛びこめば命を落とす可能性が高い。おまけに水が渦巻いているために、死体がなかなか揚がってこないと、一部界隈では有名だったんですね。不幸にもその情報を知った人が、橋の上から飛び降りてしまうというわけです。


二〇[redacted]年、[redacted]月二十四日の夜でした。

パトカーでの警ら中に「Y橋から人が川に飛びこんだ」と無線が入ったんです。

出動要請を受けて現場へ急行すると、橋のちょうど中央付近に通報者らしき男性の方が立っていまして、歩道にへたりこんでいるんです。

「飛びこみの瞬間を目撃したんだもの、誰だって驚くよなあ」なんて内心で同情しながら事情を聴取したところ「いや、違う」と。

「見たから腰を抜かしたんじゃない。〝見られた〟のが怖かったんだ」

震えながら、そう言い張るんですよ。

最初は「まだ混乱しているんだな」と思っていたんですが、しばらく経って落ちつくと男性が、ぽつり、ぽつりと語りだして。

彼いわく――橋を歩いていたところ、数メートル前方に人影を発見したんだそうです。その挙動がおかしいので、彼は「自殺だな」と思い、とっさに近づいたらしいんですね。人影は女性だったそうです。

服装はモノトーンのワンピース。川から吹きあげる風で長い髪がばさばさ舞っていて、そのために顔は見えなかったとの話でした。

「おい、ちょっとあなた。待ちなさい、やめなさい」

慌てて男性が声をかけるなり、女がゆっくり首をまわすと、彼に視線を向けて。

乱れ髪の隙間から痩せぎすの顔が見えて。目の水分が抜けていて。鼻はひしゃげていて。まるで何度も高所から落ちたように顔じゅうがへこんでいて。

男性が思わず後退したと同時に、女は唇がめくれるほど大きな笑みを浮かべて、

「またこんど、またまたまたまたまたまた」

そう連呼しながら手を振り、欄干を後ろ向きに乗りこえて落ちたというんです。

「あの人、最後まで私に笑いかけていたんだよ。その表情があまりに嬉しそうで」

怖くて動けなくなったんだ――と、男性は証言しました。

付近を捜索したところ、欄干に靴はあったんですが、肝心の死体が見つからなくて。

翌日には潜水隊による捜査もおこなったんですけど、結局手がかりを発見できないまま、捜索は打ち切りになりました。でも、ホトケさんが揚がらないこと自体は別に不思議じゃないんですよ。さっきも言ったとおり、水深もあって流れも複雑な場所なので。おかしいのは――その日を境に、通報が入るようになったことです。

「Y橋を通行していたら女の人が落ちた」

「こっちを見るなり〝またまた〟と言いながら手を振って飛びこんだ」

内容は判で押したように一緒、しかも通報があるのは絶対に二十四日なんです。そりゃ無視するわけにもいきませんから、毎回ちゃんと現地へ向かいましたよ。ええ、飛びこみが目撃された地点、きまってあの女が飛んだところなんです。

まあ、ちょうど橋の中央ですからね。おなじ場所から飛ぶ人間が複数いてもおかしくはないんですが――動作や、最期の言葉まで一緒というのは考えにくいでしょう。

そんな通報があまりに続くもので、同僚の巡査部長に相談したんですね。

そしたら彼、腕組みをしながら「なるほど、なるほどなあ」って頷きはじめて。

「月命日ってそういう意味があるんだな。毎月供養しないと、いろいろマズいのかもな」

自分も、なんとなく「そういうものか」と納得してしまいました。

はい、所轄管内ではけっこう有名な話です。

この前、用事があってA署の後輩に電話したんですけど「通報、いまもあるんです」と言っていました。だから――また飛んでいるみたいですよ、二十四日に。

婚霊

【日時と場所／二〇二三年九月二十四日・東北芸術工科大学学祭ブース】
【話者／二十代女性：バイト仲間の本学学生に会うため来校】

話すの上手くないんですけど、それでもオッケーですか。あ、はい。じゃあ。

ええと、あたしの両親って結婚式の写真がないんですよ。

いいえ、披露宴自体はちゃんとやったみたいです。ウチのお姉ちゃんが生まれる五、六年前って言ってたから、平成の最初なんですかね。

そのころの結婚式って遠い親戚とか会社のおなじ部署の人を全員とか、百人レベルでお客さんを呼ぶのが普通だったらしいんですよ。あたしなんかは「うわ、ウザいなあ」と思うんですけど、まあそういう時代だったみたいで。ヤバくて。

で、話によると父親は袴《はかま》、母親は着物で入場して。そのあとは勤め先の社長が祝辞を述べたり、母の同僚がお祝いを言ったらしいんです。あ、すいません。あたし順を追って話さないと、自分でもまとまらないんですよ。オッケーですか。

ええと、スピーチが終わると乾杯でしょ。そんで、会社の同僚が余興して、飛び入りで親戚が高砂《たかさご》を謡《うた》ったりして。なんか高砂って歌があるんだそうです。そのあいだに両親は洋服とドレスにお色直ししてから――ゴンドラに乗って再登場したんですって。

意味わからないでしょ。「ゴンドラってなんだよ」とか思いませんか。

え、昔は普通だったんですか、ゴンドラ。何度か見たことあるって、ヤバくないですか。かなりウケますね。あ、はいはい。続けます。

そんで――みんなゴンドラで降りてくる父と母をバシャバシャ撮影したらしいんですね。昔なんで、スマホじゃなくてフイルムのカメラで。そしたら。

両親の後ろで長髪の女が笑ってたんですって。

全員の写真に写ってたんですって。

はい、もちろんその場に居なかった人間です。人間かどうか知りませんけど。そもそもゴンドラ、新郎新婦以外に人が立てるスペースないらしくて。

そんで、披露宴の翌週に参列した人から次々に連絡が入って、結婚式に出た人全員でお焚き上げに神社へ行ったらしいです。

それ聞いて、あたしは「それ二次会じゃん」ってかなりウケたんですけどね。親からは「笑いごとじゃなかったんだ」って怒られました。
だから両親、思い出の記録がなにもないんですって。
あ、そういえば。
お姉ちゃんも、二歳より前の写真がほとんどないんですけど——関係あるんですかね。

ぼくらはみんな

【日時と場所／二〇二三年九月二十四日・東北芸術工科大学学祭ブース】

【話者／県内在住の七十代男性：本学学生の孫に会うため来校】


ちょっと聞きてえんだけンどよ、草木塔《そうもくとう》の怪談ってのはあるんだが。

（筆者注：草木塔とは植物の供養を目的として建立された石碑である。上杉鷹山《うえすぎようざん》の時代にはじまったとされ、全国およそ百六十基のうち九割が山形県内に建っている）

いや、何十年も前の話だけどよ、山で木ィ伐《き》ってたんだ。

〈鬼木《おにぎ》〉って知ってっかや。正月に門口サ立てかける魔除けの木だ。知りあいのオヤジが「次男夫婦が家ァ新築したさげ、鬼木を用意してけろ」って頼んできたんだ。

ほだい難《そんな》しい仕事ではねえよ、伐るなァ十メートルくらいの若木だもの。大きい樹は予想しねえ方向サ傾《かし》ぐことがあっけど、若木なら自分のほうサ倒れでもすぐ逃げられっからな。チェーンソーも要らねえし、別に危なくもねえんだ。

ま、んでも山仕事に油断は禁物だべ、まンず気ィつけながら鋸《のこ》入れで、斜面にどさんと転がしたんだ。伐ってしまえば注意もなにもねえべや。ところがよ。「どれ、運ぶが」と思って近づいた途端——若木が跳ねだんだわ。獣が跳びかかるみてえに、ばうん、と反動つけで俺の胸サぶち当だったんだ。おかげで（話者、胸を拳で叩きながら）鎖骨よ。ぼっきりよ。もちろん触れてァねえんだぞ。あいうときの気持ちってのは面白ェもんでよ、怖いも痛いもねえんだわ。呻きながら「ああ、俺の番が来たんだべな」と思ったもの。鹿だの熊だのは死んで山の土になるべ。俺にその順番がまわってきた、それだけなんだべな——と、素直に感じたんだ。ま、すぐ正気に戻って軽トラで総合病院サ行ったけどよ。ンだがら、いまでもこうして生きであんだけどの。はっはっは。

しばらく経って、孫のお遊戯会ば見だんだわ。四、五歳だったべがな。ほれ、「ミミズもアメンボも生きてる」って歌あるべ。あれ歌ってんだ。手振りつけで、楽しそうに踊ってんだな。それを見でおったら「なるほど」と気がついてよ。

草も木も生きてんだもの。狐だの猫だのが祟るみてえに、死んだ人間が恨むみてえに、障《さわ》ることもあるんでねえのが。それを祓うために草木塔を建てるんでねえのが。ンださげ、草木塔を最初に建てたのは、俺とおなじ目に遭った人間でねえのが――そう思ったんだ。

なあ専門家、俺の考えァどうなんだ。教えでけろや。

クレーム

【日時と場所／二〇二三年九月二十四日・東北芸術工科大学学祭ブース】

【話者／県内在住の三十代男性：家族で遊びに来校】


何年か前、知人が国道沿いに野菜や山菜の直売所を開くことになったんです。それで、内装はＤＩＹで頑張ると聞いたので手伝いに行ったら、なんだか浮かない顔してて。

「水まわりだけは地元の業者に頼んだんだけど、トラブってさ」と、ぼやくんです。

「トイレで変な音がする」

その業者のじいちゃん、しきりにそう言うんだそうです。

下水の問題かと思ったら「そうじゃない、声だ」って。「なにかが居るから、お祓いしたほうが良いぞ」って。

「山に入ったとき、なにかに障ったんじゃねえか。それが店に居ついてるんだろう」

でも、知人はそういうのを全然信じない人間なので、しまいには喧嘩になっちゃって。

新しい業者を探すのに苦労していたところへ、僕が訪ねてきたんですよ。

そのときは「気にすんな、余所者《よそ》が新しく店を開くのが面白くないんでしょ」なんて慰めたんですけどね。

それで——無事に直売所はオープンしたんですが、半年ほどで閉店しちゃって。

いや、そこそこ繁盛したんですよ。なにせ朝採れの野菜と山菜ですからね。立地だって申し分ないし、多くのお客さんで連日にぎわっていたんです。でも——。

来店者から、ひっきりなしにクレームが入っちゃって。

「女子トイレに怖い顔の男が立っていた。この店の安全管理はどうなっているんだ」

「トイレの壁際で、男がずっと唸っている。危ないから通報してほしい」

そんな訴えが一日に何件もあったそうで。

いや、男なんて友人以外いないんです。というか店員も彼ひとりなんです。トイレに行っても当然ながら誰もいないし、正直に告げてもお客さんは「見た」と納得しないし。

クレームがあまりに多いもんで、結局そのお店は手放して、市街地に近い場所で新たに直売所をはじめました。いまのところ、そっちは順調みたいです。

ああ、以前の店ですか。まだ建物はありますよ。

立地がいいんで、すぐ別のテナントが入りましたけど、いつのまにか閉店してましたね。その後も僕が知ってるだけで、何回か入れ替わってます。

だから——その男、まだ居るんじゃないですかね。

廃墟ノック

【日時と場所／二〇二三年九月二十四日・東北芸術工科大学学祭ブース】
【話者／県内在住の三十代男性：「怪談売買所」訪問客】

私、夜間警備員として働いていた時期がありまして。数年ほど勤めたんですが、いまも忘れられない出来事がひとつあるんですよ。

ご承知のとおり、警備員は営業時間外の店舗や閉館後の施設を巡回して、異常がないか確認するのが仕事です。基本的に、見まわる施設は委託契約を結んだ〈常連〉なんですが、まれに〈単発〉のケースもありましてね。たとえば土日のみ開催するグルメフェス会場や翌日に政治家の遊説を控えた広場などが、それにあたります。

ある日、ちょっと変わった〈単発〉の依頼が入りまして。

「数ヶ月前に潰れたT市のパチンコ店を解体することになったので、工事の前に不審物がないか確認してほしい」と、そういう内容なんです。

さっきも申しあげたとおり、期間限定のイベントを担当することは珍しくないんですが、潰れた店舗というのはレアケースです。「おかしな依頼だな」と思いましたけど、まあ仕事は仕事ですからね。本部から指示されるまま、同僚とふたりで深夜の現場へ行ったわけです。

パチンコ店は、廃墟同然のありさまでした。

アスファルトの隙間から雑草が伸びた駐車場。ところどころ割れている壁面のガラス。おそるおそる一階フロアに入るとすでにパチンコ台や椅子は撤去されており、がらんと寂しい空間が広がっていました。もちろん、不審物なんてどこにも見あたりません。

そんなわけで一階の確認は早々に終了し、私と同僚はフロアの奥にある階段をのぼって二階へ向かったんです。

すると、階段をのぼりきった直後——こん、こんこん、と。

ノックのような音が、廊下の奥にある事務室から聞こえまして。

いいえ、お化けだなどとは思いませんでした。ダクトや水漏れなどの自然音、あるいは若者がきもだめしにでも訪れているんだろう——そのように考えたんです。

前者ならば笑い話で済みますが、後者の場合は侵入者を退去させなくてはいけません。ところが警備員というのは施設から管理を任されているだけなので、警察と違って逮捕や職務質問はできないんですね。不審者と判断すれば現行犯逮捕も可能なんですが、それはあくまでも最後の手段、本部からも「危害を加えられそうな対応は極力控えるように」と言われていたんです。依頼内容は〈不審物の確認〉ですから、正直なところ直接の対峙は避けたいというのが本音だったんです。

そこで私たちは、わざと懐中電灯を大きく振り、足音を何度も鳴らしてから、勢いよくドアノブを揺すりました。つまり、こちらに気づいた相手が逃げるのを期待したんです。

おおかた裏口か割れた窓から忍びこんだのだろう。そこからさっさと逃亡してくれ——そう願いながら、意を決して事務室のドアを開けると。

室内には誰の姿もありませんでした。

「やっぱり水漏れかなにかだったんだ」なんてホッとした途端——こんこん、こんこん。

ノックが続いてるんです。

途切れなく、こんこんこんこんこんこんこんこんこんこんこんと鳴っているんです。さすがに寒気をおぼえつつも、私と同僚は音の所在を探しました。事務机の脇を抜けて、枯れた観葉植物の鉢を跨ぎながら、ほうぼうを照らしていると——。

「おい」

同僚が呟きました。

彼の懐中電灯が、事務室奥の壁あたりを照らしています。「ここだ」と示すように、光がくるくると円を描いていました。

灯りに浮かびあがっているのは、金庫でした。

壁際に設置された、小ぶりの冷蔵庫ほどもある分厚い金庫。そこから、こん、こん、と音が聞こえるんですよ。

「……いや、自然現象だって。ほら、寒暖差で家の柱がピシピシッと軋んだりするだろ。あんな感じで収縮した金庫がノックみたいに……」

「ノックじゃない」

私の言葉を遮って、同僚が再び懐中電灯の光を回しました。

金庫のダイヤル、ゆっくり動いているんです。

その回転にあわせて、こんこんという音が響いているんです。

「……誰かが閉じこめられているとか」

「金庫は内側から弄《いじ》れないよ」

私の仮説を一蹴し、同僚が言いました。

「このままだと、いずれ開くぞ」

その科白が合図でした。

私たちふたりは早足で後退するとドアをそっと閉め、一直線に駐車場まで戻ったんです。ええ、もちろん日報には「異常なし」と書きましたよ。だって、あんなもの報告しようがないじゃないですか。


そういえば、警備員を辞めて一年が経ったころ、あのパチンコ店に勤務していた方とお会いする機会があったんです。そのとき私、ふと例の一件を思いだしましてね。ちょっと脅かすつもりで、私が「あの店って」と口を開くなり、

「はいはい、金庫だろ」

興味なさげに言われましたよ。

さらばマリちゃん

【日時と場所／二〇二三年九月二十四日・東北芸術工科大学】
【話者／十代女性：本学学生、サークルで出店した屋台の休憩中に来訪】

小学生のときに、マリちゃんてクラスメイトがいたんです。

二年生の席替えで机が隣になって、わたしも彼女もマイメロ好きで意気投合してからは、休み時間のあいだずっとお喋りするほど仲良しになって。遠足のときもほかの子に頼んでマリちゃんとおなじグループにしてもらったり、家の方角も距離も全然違うのに頑張っておなじ時刻に登校したり、いつも一緒に過ごしてました。

で、三年になって――二学期の終業式ちょっと前だったかな。

マリちゃんが欠席した日があったんですよ。「おうちのつごう」って先生が言ってて。心配してたんですけど、翌日の一時間目が終わるころに登校してきたんです。わたし嬉しくて、顔を見るなり「おはようマリちゃん！」って思わず声をかけたんですよ。

そしたらマリちゃんが「なに言ってんの。あたし、ユカだけど」って。

「マリって、昨日産まれた私の妹なんだけど」
先生も、ほかのクラスメイトも「彼女はユカちゃんでしょ」って。
でもわたし、絶対に「マリちゃん」と呼んでたし、彼女も普通に応えてたんですよ。
それで、なんだか判らなくなってしまって——そこから疎遠になっちゃいました。
マリちゃん——だと思っていたユカちゃんは、翌年に「お家《うち》の都合」で転校しました。
いまはもう、連絡先も知りません。

忌み血

【日時と場所／二〇二三年九月二十四日・東北芸術工科大学】
【話者／二十代女性：本学学生、知人の出店を手伝いに来校】

高校三年のとき、夜中に自分の部屋でテスト勉強してたんですよ。

ウチって部屋の壁が白いので、天井の照明を点けると反射して結構まぶしいんですね。だから集中するために卓上のライトだけ点けて、スマホで同級生とＬＩＮＥを繋いだまま勉強してたんですけど。あ、別に会話とかはしません。ＬＩＮＥを繋ぎっぱなしの状態で黙々と勉強します。そのほうが集中できるから。いまはみんな普通にやると思いますよ。

で、同級生が「アタシそろそろ終わる」って言うんで、自分もノートを閉じたんです。そしたら――ぴちゃん、って手に冷たい感触があって。「なんだろう」と思って見たら、血が一滴だけ、手の甲に落ちてるんです。赤い玉が浮いてるんです。

「やべ、鼻血が出た」と思ってもう片方の手で確認したけど、鼻は全然なんともなくて。

スマホのインカメラで顔も確認しました。でも、別にニキビとかも見あたらないんです。どこも出血してないんですよ。あ、壁も天井もキレイなままだったので、雨漏りとかでもないんです。だったら、この血はどこからきたのって話ですよね。

あんまり不思議だったんで、すぐスマホで血の玉を撮って、さっきまでLINEしてた同級生に画像を送ったんですよ。で、テキストを打ってたら送る前に返事が来て。

〈なにこれヤバいよ。見た瞬間、すごい気持ち悪くなったんだけど〉って。

「いや、まだなんも説明してねえし」と思って、すごいビビりました。

怖くてティッシュで拭きとったんですけど、やっぱり血にしか見えませんでしたね。

次の日、ほかの同級生にも血の画像を見せたんです。なんの説明もしないで。すると、何人かはこっちがなにか喋る前に「これ、本当にマズいから」とか「早く消去しないと大変だよ」とか言うんです。なにも感じない子もいるんですけど、貧血になって早退しちゃったクラスメイトもいました。はい、人によって感じ方が違うみたいです。

いや、どうなんでしょうね。私は「偶然でしょ」と思ってます。思いたいです。

たぶん、もっと多くの人に見てもらえば、同級生が体調を崩したのが画像の所為なのか、偶然なのかハッキリすると思うんですけど——この画像、読者の人とかに見てもらうことできませんかね。迷惑ですかね。

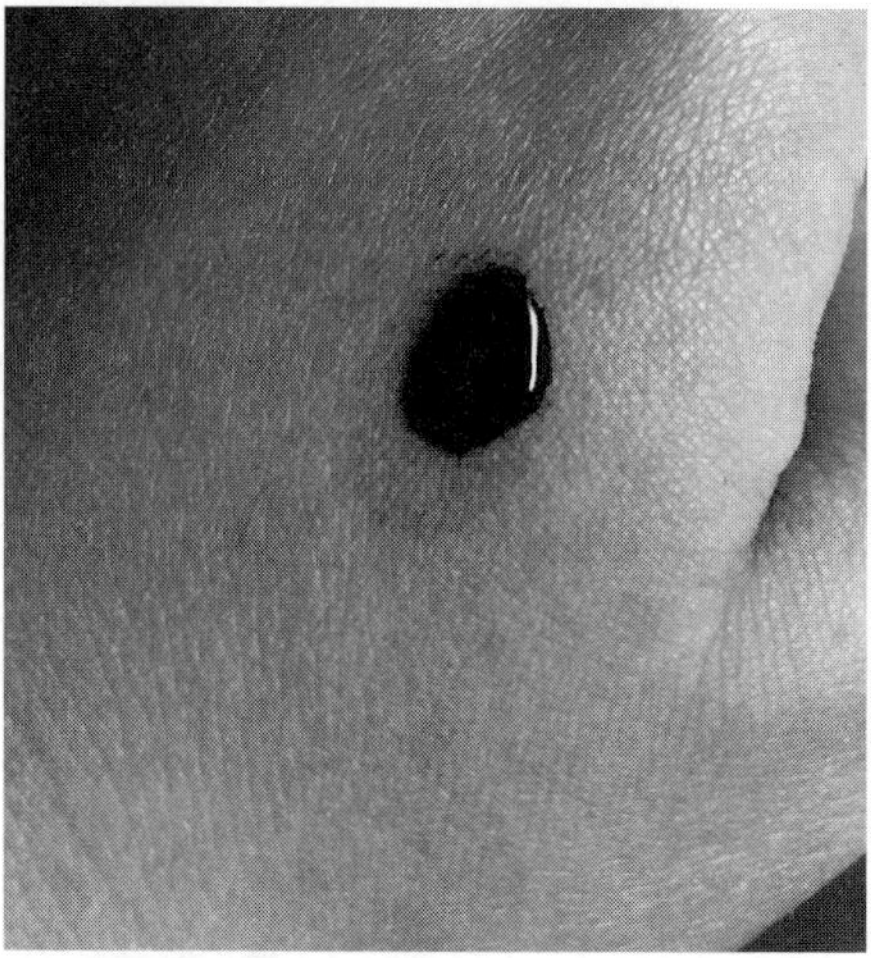

【謎の血痕】(話者撮影)

仏[redacted]水

【日時と場所／二〇二三年九月二十四日・東北芸術工科大学学祭ブース】

【話者／県内在住の六十代男性：知人のダンス発表を見に来校】


仏[redacted]水ってご存知ですか。私の地元にある古い石碑なんですけど。

その石、昔から「祟るので絶対にいじってはいけない」という決まりがあったんです。だもんで、町内会では草刈りのときも「仏[redacted]水だけは無視するように」なんて前もって言われるくらいで。ええ、祟りの内容は誰も知りませんが、みんな「そういうものだ」と疑いもせず、ずっと守っていたんです。

ところが、十年ほど前に地区会長に就任した[redacted]さんは、そういう話を信じない——というより、むしろ嫌っているような性格の人でしてね。「荒れ放題にしているほうがよほど罰当たりだ」と言って、勝手に仏[redacted]水まわりの草をみんな刈ってしまったんです。

それで会長「いやあサッパリした」って帰って昼ご飯を食べて、座敷で昼寝してたら、そのまま死んだんです。だからいまも、仏[redacted]水には誰も入りません。

今日の予定

【日時と場所／二〇二三年九月二十四日・東北芸術工科大学】
【話者／四十代代女性：陶芸作品を買いに来校】

自分でも、よくわからない話なんですけど。

この前、朝の六時くらいに枕元のスマホが鳴ったんですよ。

「こんな早い時間に誰だよ」って文句を言いながら画面を見たんです。そしたら着信じゃなくて。スケジュールを知らせてくれるアプリのアラームだったんですよ。

でも、その日は別に予定は入ってなかったはずで。

「え、なんか忘れてたっけ」と慌ててアプリを開き、カレンダーを表示したら。

〈人形のお祓い〉

たったひとこと、そう書かれていて。

いやいや、もちろんそんな予定なんかありません。それ以前に人形なんて持ってないし、お祓いなんかできませんし。誤変換かと思って「にん」とか「おは」とか打ってみたけど、人形もお祓いも候補に出てこなくて。怖くてすぐに消去しましたよ。
その日はドキドキしながら過ごしたけど——幸い、変なことは起こりませんでした。

で、一昨日なんですが。
またスマホのアラームが鳴って。二ヶ月くらい先のカレンダーが表示されていて。

ほら、見てもらえますか。
（話者、こちらにスマホの画面を見せる。〈人形〉と予定が書きこまれている）
もしかして私、このあいだの〈予定〉をドタキャンしちゃったのかな。だから、改めて知らせてきたのかな——と思って。
人形ってなんなんですかね。この日、なにが起こるんでしょうね。

推しの奇

【日時と場所／二〇二三年九月二十四日・東北芸術工科大学】
【話者／二十代男性：本学卒業生、詳細は希望につき伏せる】

あの、運営に訴えられると困るので、個人情報はいっさい出さないようお願いします。

自分、在学時代に推しのアイドルがいまして。

[redacted]の[redacted]って子なんですけど知りませんよね。いや、気にしないでください。

グループもメンバーもメジャーじゃないどころか、むしろ地底なんで。

あ、地底っていうのは地下アイドルよりさらに下に位置する子のことです。お客さんが一桁のライブも珍しくなくて、バイトしながら活動してるメンバーがほとんどですね。なんか自分、そういう子のほうが萌えるんですよ。メジャーの子は僕が応援しなくても活動できるけど、地底は自分の応援がダイレクトに反映されるので、達成感があって。

で、[redacted]ちゃんは[redacted]のなかでも、とりわけ頑張り屋さんで。

センターは未経験だけど踊りも上手いし、曲によってはソロパートだって担当するし、なによりファンサが——あ、ファンサービスのことです。チェキ会や物販のときも自分をちゃんと名前で呼んでくれるし、前に話した内容も憶えてるし。

あと、頑張りすぎて病みがちなところも放っておけないんですよね。インスタで弱音を吐いたり、生配信で泣いちゃったり、たまに脆《もろ》さが見えちゃうのもポイント高くて。

それで、ずっと推してたんですが—当時は学生だったもんで、毎回都内に遠征するのは金銭的にキビしくて。スパチャ（筆者注：動画配信で投げ銭をおこなう行為とのこと）もしてましたけど、毎回、赤スパ（筆者注：高額の投げ銭をした人間を指す言葉。赤文字で表記されるのが由来とのこと）になるわけにもいかないし。

だから「いつも気にかけてる」って気持ちだけは伝えておこうと、ＳＮＳや動画配信を毎回チェックして、かならずコメントするようにしてたんです。

で、その日も[redacted]ちゃんのアップしてる画像を見てたんですけども。

その写真——ちょっと変で。

ライブハウスのエレベーターで自撮りしたっぽいスナップで、背後にドアが写ってて、その上に階数表示のボタンがあるんですが——ボタンの数字が全部〈3〉なんです。

そんなエレベーターないでしょ。画像を加工したにしても意味が判らないし。

や、最初は「匂わせか」と思ったんです。匂わせというのは「彼氏がいますよ」ってメッセージのことです。彼氏が有名人の場合とかに、部屋や小物をさりげなく入れこんで彼氏のファンを煽《あお》り散らかすんです。そんな感じの〈暗号〉かなと考えたんですね。で、証拠を見つけてやろうと以前の投稿も確認してみたんです。いや、本当に匂わせかどうか、ファンとしては知りたいじゃないですか。

そしたら、半年くらい前に[redacted]がフェスで行った観光地の画像が出てきまして。高台からの夜景をバックに撮った一枚なんですけど、写真の左半分が、停電したみたいに真っ暗なんですよ。夜の空より黒いんです。でも、ほかのメンバーがおなじ場所で撮った写真は、ちゃんと全面に街の灯が写ってるんですね。

あと、その前月には誕プレで関係者からもらったお猿さんの人形を掲載していたんです。「ファンの贈り物じゃねえよな、ちゃんと管理しろよ運営」ってムカついてたんですけど、その人形もちょっとおかしくて。両目の部分が、細い指で。

ええと、つまり指が目の穴から突きだしてるんですよ。流行りのキモカワ系人形かなと思ったんですが、検索してもそれらしい商品は出てこないんですよね。

「なんだこれ」と首を傾げていた翌日、新しい画像がアップされまして。

[redacted]ちゃん、古い喫茶店で丸テーブルに座ってジュース飲んでるんです。西日本にあるお店で、初期のジャケ写で使われたから古参ファンには知られた喫茶店なんですけどね、半年前に潰れてるんですよ。

でも衣装を見ると、最近のツアー衣装なんです。過去の投稿を時間差で載せたわけではないんですね。「どうやって撮ったの」って書きこんだんですが、返事がなくて。

で、返信を待っていたときに気づいたんです。

自分、まめに投稿チェックしては毎回コメントしていたはずなのに、いま挙げた一連の画像を見た記憶がないんですよ。日付を見ると、ちょうど激推しの最中なのに、まったく憶えていないんです。だとしたら、自分のアタマがおかしいのか――あるいは。

それで、なんとなく引いちゃって。自然とフェードアウトしました。

あ、いまも[redacted]は地底で絶賛活動中です。[redacted]ちゃんも在籍してますよ。ていうか、彼女以外のメンバーが全員脱退したんだったかな。まったく追えてないので詳しくは判りませんが、二、三回は総入れ替えしたはずです。

理由とかは別に知りたくないです。調べたら――また、なにかを見ちゃいそうで。

消滅と創造

【日時と場所／二〇二三年九月二十四日・東北芸術工科大学学祭ブース】

【話者／県内在住の三十代女性：本学非常勤講師】


怖かった――というか、変なモノを見ちゃった話でも大丈夫ですか。

一昨年、県北の[redacted]山へ行ったんです。コロナで人混みを歩くのは憚《はばか》られるから、人がいない場所なら大丈夫かと思って。[redacted]山は標高も高くないし、ドライブがてらに新鮮な空気を吸ってこよう程度の気持ちでした。

駐車場に車を停めて登山道を歩きはじめたんですけど、低山とはいえ山頂まで行くのは怖かったんですよね。登山初心者どころか未経験だし、そもそもそんな装備じゃないし。「どうしようかな」と迷いつつ歩くうち、傾斜のゆるい脇道が目に留まったんです。ここならそれほど疲れないだろうし、いざとなればすぐに戻れる。そう思って脇道を元気よく歩いていると――神社があったんです。

いや、詳しくないので断言はできませんけど、たぶん神社だと思うんですよ。手前に生木の鳥居が立っていて、参道めいた道が続いていましたから。

参道の奥に目を遣ると、屋根も壁も真っ赤に塗られた拝殿——いや、拝殿というよりは民家っぽい外観をした和風の建物があったんです。異様な色づかいを除けば、限界集落にありがちな元農家って雰囲気の、けっこう大きい平屋でしたね。

せっかくだからお参りしようかと思ったんですが、道の先がどうなっているか判らないでしょ。だから「まずは行けるところまで行ってから、帰りに参拝しよう」と考えなおし、その場は鳥居をくぐらずに一礼だけして立ち去ったんです。

そしたら、五分も行かないうちに道が消えて。はい、薮が茂るばかりの行きどまりで。がっかりしながら来た道を戻って、神社の前まで辿りついたら——鳥居がないんです。赤い家も見あたらないんです。一本道だし、見逃がすわけはないと思うんですけどね。

それで、駐車場に戻ったら車の脇に妙なものが置かれていまして。

小枝や木の葉が、記号のような形に積みあげられているんです。夏休みの工作みたいな感じの造形物が、タイヤ四本をそれぞれ囲むように作られているんですよ。

いいえ、拝んだりしません。疲れてたんで爪先で蹴り崩して、すぐに車で下山しました。

それきりです。もともと街っ子なんで、それ以来[redacted]山には行ってません。

いまになって「あのとき鳥居をくぐっていたら、どうなったのかな」とか考えます。

沼のばあさま

【日時と場所／二〇二三年十月十一日・山形国際ドキュメンタリー映画祭某会場】
【話者／七十代男性：映画祭観客。私のスタッフパスを見て話しかける】

あなた、お化けの話の人でしょう。前に山形新聞でお顔を拝見しました。だったら——ちょっと不思議な体験があるんですけど、聞いてもらえますか。

私は子供の時分、朝日町に四年ほど住んでいたんですがね。あそこにある〈大沼《おおぬま》〉はご存知でしょうか。そうですそうです、浮島《うきしま》で有名な沼です。風もないのに、草のかたまりみたいな小島が二十も三十も水面を漂っているんですから、何度見ても「自然というのは面白いなあ」と感心したものです。

いまは立派な観光地になっているようですが、私が暮らしていた四十年ほど前の大沼は草木が鬱蒼と生い茂っている、すこし陰気なところだったんですよ。まあ、子供心にそう感じただけなのかもしれませんが。水辺というのも一因だったように思います。

大沼には古い神社がありまして、境内近くに広場があったんです。いちおう整地されていましたが、グラウンドというより原っぱに近かったですね。さきほども言ったとおり、周囲が森に覆われている所為で昼でも翳《かげ》った雰囲気の場所でした。

それでも、子供らにとっては格好の遊び場です。だから、私たちは毎日のように広場へ行っては野球に興じたり、相撲を取ったりしていたんですよ。

その日も私は、二、三名の友だちと一緒に広場で遊んでいました。

すると——。

広場の端に生えている笹藪が、ざんざんざん、と葉を鳴らして右に左に揺れたんです。

その場にいる全員、動きを止めました。「藪がそういう音を立てたときは、動物が隠れている証拠だから気をつけろ」と、さんざん大人に脅かされていたものですから。

野犬か、猿か、それとも熊か。私たちが待ちかまえるなか——。

ほっかむりをした野良着の婆サマが、のそんと出てきたんですよ。

「なんだずバアちゃん、驚かすな。獣ど間違えて鉄砲で撃《ぶ》つとこだどれ《だったよ》」

ホッとしたんでしょう、友だちのひとりが軽口を叩きました。

ところが当の婆サマは怒るも笑うもせず、くすんだ色の手拭いを目深《まぶか》にかぶったまま、その隙間からのぞく目で我々を見つめているんです。

そのまなざしが、やけに不気味でしてね。「目は口ほどにものを言う」なんて諺《ことわざ》のとおり、瞳にも喜怒哀楽ってあるでしょう。その感情がないんですよ。眼球そっくりの別な物体が、目の穴に嵌まっているんじゃないかと思ったほどです。

呆然とする私たちをよそに、まもなく婆サマは無言で背中を向けると、出てきた笹藪にごそごそ潜って、そのまま姿を消してしまいました。

みな、あまりの出来事にしばらく顔を見あわせていたんですが、

「なんだや、いまの」

私の言葉で緊張が解けたのか、みながいっせいに喋りはじめました。

「あのバアちゃん、どこの家の人間だや」

「見たこどねえ顔だったよな、山菜探して迷子にでもなったんだべ」

「お前ぇが〝鉄砲で撃つ〟とか言うがら、怖くて逃げだしたんねぇがよ」

「……だったら、また迷子になるべした」

その発言に全員が顔色を変えて、婆サマが消えた笹藪へ駆けよりました。自分たちが原因で遭難でもしたら大変だと思ったんですね。

婆サマに何度も呼びかけたものの、やはり反応はありません。やがて、焦《じ》れたひとりが藪を漕ごうと笹の葉を乱暴に押し除けた、その直後。

ずん――。

重たい音とともに、足をびりびり伝うほどの地響きが起こりました。

驚いて振りかえると、広場の片隅に立っていた石碑が倒れているんです。

句碑だったのか供養碑だったのか、子供時代のことなので定かではありませんが、人間の倍ほどもある大きな石碑でした。それが前倒しで地面に横たわっているんですよ。

あのまま遊んでいたら、誰かは押し潰されていたはずです。

その日はもう遊ぶ気も失せて、誰言うともなく解散になりました。


それで、この話にはちょっとした後日談がありましてね。

その晩、遊び仲間のひとりが今日の出来事を両親に教えたところ、

「浮島明神の狐だ」

父親がにべもなく、そう言ったらしいんです。

「あの神社は稲荷《いなり》様だからな。狐が婆サマの格好に化けて、お前達ば守ってけったんだ。

明日にもお札さ行がねえと……祟られっど」

翌日それを聞くなり、私たちが震えながらお参りに行ったのは言うまでもありません。

まもなく、私は父の仕事で山形市に転居しまして。それ以来、大沼は訪ねていません。

でも――こうやって話しているうちに、なんだかひどく懐かしくなってきましたよ。

これもなにかの縁だ、近いうちにお参りしてきます。

（筆者注：山形県西村山郡朝日町にある大沼は、修験者の役小角《えんのおづの》によって発見されたとの言い伝えがある。かつては湖面に漂う浮島の動静で吉兆を占ったとされ、沼自体が信仰の対象となっていた。鎌倉時代には、源頼朝《みなもとのよりとも》によって浮島稲荷神社が創建されたという）

よおばし

【日時と場所／二〇二三年十月十一日・山形国際ドキュメンタリー映画祭某会場】

【話者／県内在住の七十代男性：映画祭観客】


いまのお客さん、あなたに朝日町の話をされてましたよね。

なにかお調べになっている学者の方なんですか。はあ、取材。怪談。怖い話。なるほど。いや、これもなにかのご縁だ。ドキュメンタリー映画を観にきて、こんな話をするとは夢にも思いませんでしたが――私の体験も、お聞きになりますか。

昭和五十六年の七月、ウチの親父が行方不明になったんです。

最上川《もがみがわ》へ釣りに行ったきり、夕方になっても帰らなくて。地区総出で捜索したんですが、いっこうに見つからないまま一週間が経ってしまったんですよ。

私たち家族が途方にくれていると、見かねた伯母が「寒河江《さがえ》市のY地区に、よく当てるオナカマがいるそうだ」と人伝てに聞いてきたんです。オナカマはご存知ですか。そうです。目の見えない婆ちゃんで、死人の声を聞く〈口寄せ〉ができる巫女さんです。藁《わら》にもすがる思いだったんでしょう、母はすぐにオナカマを訪ねて「父ちゃん何処《どこ》サいるが探してけろ」と、口寄せをお願いしたらしいんですね。

するとオナカマの婆ちゃん、獣の骨がついた数珠をがらんがらん鳴らしながら、

「よおばし、よおばし」

そのひとことだけ、なんべんも連呼するんだそうです。

母は「なんのことだべ」と首を捻っていたんですが、それを聞いた親戚が「もしかして、用橋じゃねえのか」と言いあてて。はい、朝日町と大江町のあいだに架かる橋です。この橋近くでダイカイギュウという動物の化石が出土して、一時期は騒ぎになったんですよ。

でもね、親父が釣りをしていた場所は用橋の数キロも上流なんです。

「さすがにないべ」と思いつつ家族と親戚が橋まで行ったら――親父、いましてね。橋脚へしがみつくように死んでいるところを発見されて。どうやら、うっかり落とした釣竿を拾おうとして流されたんじゃないかとの話でした。

オナカマというのは本当に見えるんだなあと、非常に驚いた憶えがあります。

いまでも、用橋を通るときは車を停めて手を合わせますよ。父の冥福を祈る——というより、橋に祈っている感覚ですね。親父を受け止めてくれたことに感謝して合掌します。御神木や霊石を拝むような気持ちと一緒かもしれません。単なる憶測ですが、あのときオナカマに居場所を教えてくれたのは、親父じゃなくて用橋だったのではないか——そんなふうに思えてならないんですよね。

山の赤家

【日時と場所／二〇二三年十月二十一日・上山市立図書館】

【話者／同市在住の四十代男性：「上山怪談～いろいろ・あるある～」参加者】


私、嫁の実家で養蜂業を営んでおりまして。ミツバチを育てるのが本業なんですけど、ハチが専門ということで、スズメバチの巣の駆除もおこなっているんですね。最近はとみに需要が増えましたけど、昔もそれなりに依頼はあったんですよ。


あれは二十年ほど前の、ちょうどいま時分——小雨が降る夕方でした。

「スズメバチの巣を撤去してほしい」という依頼を、義母が電話で受けまして。

依頼主は、山間の[redacted]という地区に住む方でした。

しかし、そのとき義父は別件で出かけており、婿入りしてまもない私以外[redacted]まで行ける人間がいなかったんですね。とはいえ当時の私はまだ上山の地理に疎《うと》く、[redacted]がどのあたりなのかも判然としない。独りで向かうのは甚《はなは》だ不安でしたが、まがりなりにもプロですから「場所が判らないので行きたくない」などとは口が裂けても言えません。

しぶしぶ私は「まあ、異国へ行くわけでもあるまいし、怖いことなどないさ」と自分に言い聞かせ、覚悟を決めて出発したわけです。

小糠《こぬか》雨で視界が烟《けむ》るなか、私は地図をたよりに車を走らせました。ところが[redacted]へ近づくにつれて霧がどんどん濃くなっていき、ついには運転さえ儘《まま》ならないほどの濃霧になってしまったんですね。

日も暮れはじめているし、このままでは[redacted]まで辿りつくのも難しくなってしまう。そこで私は[redacted]手前の集落で車を降り、依頼者宅がどのあたりかを住民に訊くことにしました。さして戸数は多くないので、知らないはずはないだろうと考えたんです。

けれども、訊ねた人は口をそろえて「そんな家は聞いたことがない」と言うんですよ。こんな山間部で、周辺住民を知らないなんてことがあるだろうか——戸惑いのすえ、私は「依頼はイタズラ電話だったのだ」という結論に達しました。いや、珍しくはないんです。なにが楽しいのか判りませんが、デタラメな名前や住所を名乗って嘘の依頼をする人は、それまでにも何名かいたんですよ。

ならば話は早い。これ以上霧が濃くなる前に帰ろう。そう思って車に戻りエンジンをかけようとした直後、私は前方の人影に気づきました。

女性がひとり、霧のなかに立っているんです。

驚く私に向かって、彼女は「巣の撤去を依頼した者です」と頭を下げました。

「すぐ近くなので、わたしに着いてきてください」

そう言うなり、彼女はこちらの返答を待たずに早足で進んでいくんですね。私は慌てて車を発進させ、ホワイトアウト状態のなか、のろのろと女性の背中を追いかけました。

そのまま、五分ほど走りましたかね。

いきなり霧を割るように、茅葺《かやぶ》き屋根の古い家が目の前にあらわれたんです。茅葺きといっても、最近カフェとして流行っている古民家の類ではありません。かろうじて家屋の形を保っているばかりの、いまにも崩れ落ちそうな荒れはてた家なんですよ。

そのありさまを見て、ようやく周辺住民が名前を知らない理由も合点がいきました。たぶん彼女はサラ金かなにかに追われて、ここまで逃げてきたのだろう。なにかしらの伝手をたよって廃屋を借り、ひっそりと暮らしているに違いない。地元の人間でもないし近所との接触も絶っているため、近所にも存在を知られていないのだ——私はそのように察したんです。

だとしたら、正規の値段を請求しても支払いは難しいだろうな。格安で引き受けるしかあるまい。そんなことを考えつつ、私は車を降りて女性のもとへ向かいました。

彼女はあばら屋の裏手に立っていましたが、こちらの姿をみとめるなり「あそこです」と軒下を指しました。見れば、たしかに巨大なスズメバチの巣がぶら下がっている。

実物を見た以上、値段がどうしたなんて言ってはいられません。

「さっそく駆除をはじめます。危ないので、家のなかに入っていてください。終わったらお知らせします」

私は女性にそう告げ、室内へ退散してもらい——すぐに「マズい」と歯噛みしました。家族構成を聞き忘れたんですよ。

ほかに家族がいるならば、その人たちにも出入りしないよう告げなくてはいけません。彼女だけが気をつけても、誰かが玄関を開けたのでは無意味ですからね。

慌ててその場で「すいません、すいません」と呼びかけたんですが、室内からは反応がまったくない。仕方なく、私は玄関にまわろうとしたんですよ。そうしたら。

ガラス張りの縁側がありましてね。その向こうに茶の間が見えるんですけど。

部屋いちめん、橙色なんです。
西陽に燦々と照らされて、室内が濃いオレンジ色に染まっているんです。
赤い茶の間のまんなかでは、旦那さんらしき男性がごろりと寝そべったままこちらを
じっと見つめていました。その周囲を幼児がふたり、無言で走りまわっているんですね。
のどかな光景と異様な色のギャップにすこし怯みつつ、私は「あの、すいません」と、
男性に声をかけました。けれども、まるで返事がないんです。旦那さんは無言でこっち
を見ているだけ、子供ふたりも部屋を走り続けているんですよ。
なんだか「たかが業者め」と馬鹿にされているようで、すこし腹が立ってきましてね。
なんなんだよ、その態度。こっちはわざわざ霧雨《きりさめ》のなかを来てやったのに——。
そこでようやく「あれっ」と気づいたんです。
西陽なんて射すはずないんですよ。霧なんですから。
慌てて背後を見るとあいかわらずの濃霧で、太陽なんてどこにも見あたらない。
じゃあ、この部屋はなぜ赤いんだ。どうしてこの男はなにも言わないんだ。子供らは
なにが楽しくてそんなに走っているんだ。普通は笑うとかはしゃぐとかするだろうに、
なぜ黙々と駆けまわっているんだ。まるで、なにかから逃げているみたいじゃないか。

この家は――いったいなんだ。

もう限界でしたね。私は「早々に作業を終えて帰ろう」と巣のある軒下まで走り、無我夢中で駆除をおこないました。

ちょうど撤去が終わると同時に女性が顔を出しまして、こちらが口を開く前に、まるで終了するのを知っていたかのように「ありがとうございました」と、頭を下げたんです。いや、理由なんて考える余裕はありませんよ。私は早口で作業が完了した旨を知らせると、振込先の口座をレシートの裏に書いて手渡し、逃げるようにその場を去ったんです。

車で走りはじめて――数秒でした。

気づくと、さっき女性と会った場所に着いているんです。わずか十数メートルですよ。

夢でも見たのかと思いましたが、箱には駆除した巣がちゃんと入っている。

そうそう、その巣がたまたま持参した箱にぴったり嵌まるサイズだったのも、なんだか不思議でしたね。スズメバチの巣って大小まちまちなんですよ。予想していたより巨大で箱に入りきらない場合も珍しくないんです。だから――荒唐無稽な考えだとは思いつつも、まるで、箱に合わせて巣が大きさを変えたような気がして。

その後、どうにか自宅まで辿りつくと、私はすぐに義母へいましがたの出来事を話して聞かせました。ところが、記録がないんです。

義母が電話を受けた際、住所と名前を電話台の脇にあるメモ帳へ書き記したはずなのに、白紙なんです。おまけに義母も「どうにも名前を思いだせない」と言うんです。

結局なんの手がかりも得られないまま、この一件はお終いになったんですよ。

あれから二十年以上が経ち、この仕事にもすっかり慣れました。上山の地理にも詳しくなって、[redacted]にも何度となく足を向けています。けれども、二度とあの茅葺きのあばら屋を見かけることはありませんでした。近所でも、やっぱりそんな家は知らないそうです。

あの日、私はどこに行ったんでしょうか。

夜行の先に

【日時と場所／二〇二三年十月二十一日・上山市立図書館】
【話者／県内在住の七十代男性：「上山怪談〜いろいろ・あるある〜」参加者】

若い方はご存じないでしょうが、昔は夜行列車という真夜中に走る鉄道がありました。石川さゆりさんの歌に登場する「上野発の夜行列車」は急行津軽のことで、まさしく私が東京に住んでいた学生時代、故郷の山形へ帰るため頻繁に利用した列車なんですね。

これからお話しするのは、そんな夜の線路上で体験した出来事です。

あるとき、東京の下宿へ実家から電話が入りました。「祖父が危篤なので急いで帰ってこい」というのです。私は慌てて上野駅から急行津軽に乗りこみ、祖父宅のある新庄《しんじょう》まで戻ることになったんです。素寒貧《すかんぴん》の学生でしたから、指定席など望むべくもありません。自由席の切符を買ったものの満席で、通路で横になったのをいまも憶えていますよ。

若さというのは恐ろしいもので、そんな硬い床でも眠ることができるんですね。電車の振動にガタンゴトンと身をまかせるうち、私はうっかりと睡魔に襲われてしまいました。おかげで降りるべき新庄駅に到着したときも、寝ぼけて気づかなかったのです。

すると、車両のドアが開く音に続き、誰かが硬い靴音を鳴らしながら近づいてきました。私は微睡《まどろ》みながら「座席を探して前方の車両から移ってきた乗客だろうか、ここにいると邪魔かな」と、ぼんやり考えていたのですが、突然その人物に肩を揺さぶられまして。

驚きのあまり目をあけると、間近に祖父の顔がありました。

思わず「うわあッ」と叫んで覚醒すると——誰もいないんですよ。

夢でも見たのかと思いながら腕時計に目を落とすと、新庄駅に到着する時刻をとっくに過ぎている。そこで私はようやく乗り過ごしたことに気づき、あたふたと次の真室川《まむろがわ》駅で降りて、公衆電話から家族に迎えの車を頼んだのです。

新庄の家に到着すると、残念ながら祖父はすでに亡くなっていました。

居眠りさえしなければ、最期に顔を見せられただろうに——そう落ちこむ私を両親は「どっちにせよ、間にあわなかったと思うよ」と慰めてくれました。

「祖父ちゃん、あんたが着くはずの時刻ちょうどに息を引きとったんだもの」

その言葉に、私は急行津軽での一件を思いだしたんです。

両親に詳しく訊ねるなり、息を呑みましたよ。

祖父はまさしく私が肩を揺り動かされた、あの時刻に息を引きとっていたのです。

余談ですが、祖父の形見のなかに一足の革靴がありましてね。はい、あの日夜行列車で聞いたものとおなじ足音がする、英国製の高級品です。幸運にも、足のサイズがぴったり一緒だったもので私が譲り受けました。

祖父の年齢を超えてしまった現在も、大切に手入れしながら使っています。

タヤのバサマ

【日時と場所／二〇二三年十月二十八日・新庄市立図書館】

【話者／同市在住の三十代女性：「しんじょう怪談」参加者】


去年の正月、親戚一同で我が家に集まっておったんですけど。

したら「こんばんわあ」って元気な声して、ガラガラって玄関の戸ォ開いだんです。本家の伯父《おん》ちゃんサ「姉《あね》ちゃ、見できてけろ」って言わったさげ、私が玄関まで行ってみだれば、誰もいなくて。第一、玄関の鍵は閉まってあんですよ。

居間に戻って「誰も来てねっけよ」と言ったれば、伯父ちゃん「ああ、タヤのバサマ来たんねが」って平然と言うんです。

〈タヤのバサマ〉というのは遠縁の婆ちゃんです。金山町《かねやままち》の田谷《たや》集落に住んでおるので、屋号の代わりにそう呼ばれておったんですね。

数年前に亡ぐなった人らしいんですけどの。

柿もぎしてるうちに倒れて、そのまま二日誰にも見つけでもらわんねがったんです。

「姉ちゃ、バサマにお茶出してけろ」

伯父ちゃがあんまりにも自然な口ぶりで言うもんで、私もなんも不思議ど思わねえで、日本茶をひとりぶん注いだんですよ。でも飲む人が不在だもんで、なみなみ注いだ茶碗を座卓へ置きっぱなしにしたまま、親戚とお喋りを続けておったんです。

それで「そろそろ帰るべや」って時間になって。

ふと見だれば、お茶が半分以上減っておるんですよ。茶碗は私の目の前にあったので、誰も飲んでないのは確実なんですけど。

「こういうことって本当にあるんだ」と驚いた、忘れがたい正月でした。

S病院

【日時と場所／二〇二三年十月二十八日・新庄市立図書館】
【話者／同市在住の三十代男性：「しんじょう怪談」参加者】

すこし前に、遠縁の親戚が亡くなったんですね。私は顔も知らない人だったんですが、母は若い時分に親しくしていたそうで「通夜だけでも出席したい」と言うんです。けれども、なにぶん高齢者ですから独りで行くのは難しい。そこで私は車に母を乗せて、通夜がおこなわれている斎場ホールまで連れていったんです。

到着すると、私は「駐車場で待ってるからね」と母親を送りだしました。実はちょっと理由《わけ》がありまして、車の外へ出る気になれなかったんです。いや、通夜の会場自体はまったく問題ないんですよ。ただ――近隣にある施設が、すこしアレで。

ええと、このあたりにお住まいの方はご存知だと思いますが、斎場ホールのすぐ近くにS[redacted]病院が建っているんです。

（施設名を口にしたとたん、会場からいっせいに「ああ」と声があがる）。

みなさんの反応でお判りのように、ある意味とても有名な場所なんです。病院はすでに廃業しているんですが、いわゆる心霊的な噂が絶えないんですよ。

ええ、ネットで調べると真っ先に心霊系の記事が表示されます。書きこみの九割九分はデタラメですが、そんな眉唾《まゆつば》の情報を信じたくなるほど不穏な空気を醸しだしているのは事実でして。そんな〈名所〉が車の正面、私の目の前にあったわけです。

もっとも、そのときは「車のなかに居れば平気だよ」と思っていました。

いえね、私は前から「怪異というのは動物園で飼育されている猛獣みたいなものだ」という持論がありまして。ほら、きもだめしに行って非道《ひど》い目に遭う系の話があるでしょ。あれってわざわざ虎の檻に侵入するのと一緒じゃないですか。逆に考えると、みずから危険に身を投じなければなんの問題もないわけですよ。だから、おもてに出て廃病院へ近づいたりしないかぎり安全だと考えた次第で。

この距離ならなにが起きても怖くないよ——なんて内心で嘯《うそぶ》きつつ、私は運転席からなにげなくS[redacted]病院へと目を遣ったんですね。

「……あれっ」

建物の三階あたり、ぴったり閉まった窓の内側でカーテンが揺れているんです。

「そんなことはないぞ」と笑うように、ばさばさばさばさ暴れているんです。

すこしばかり背中がゾゾッとして、

「いやいや、風でしょ。割れた窓でもあるんでしょ」

思わず呟いたら——ぴたっ、とカーテンが動きを止めたんですよ。

あまりにタイミングが良すぎて、ますます鳥肌が立ちました。とはいえ、そのときは「しまった、どうせなら動画を撮っとけば良かった」なんて考える余裕もあったんです。

心のどこかでは、まだ「偶然だよ」と信じたかったんでしょうね。

たぶん、そんな心理を見抜かれたのかなと思うんですけど。


十五分ほどが過ぎたころ、ホールから母が戻ってきまして。

ところが助手席のドアを開けるなり「そんなに急かさなくても良いでしょ」と、ひどく怒りはじめたんですよ。意味が判らずに私が戸惑っていると、

「何度も何度もクラクションを鳴らして、故人とのお別れくらいゆっくりさせてよ」

はい、私は一度も鳴らしてないんです。そんな音も聞いてないんです。

あ、そうか。〈彼ら〉は檻に入ってやっているに過ぎないのか。

こっちが迂闊に挑発すれば、いつでも檻のすきまから爪を伸ばしてくるのか。

はい、そのように持論を改めました。

それからは、そういう場所にやむなく近づいた際は、畏敬の念を忘れないように努めています。おかげで、以降はなにも起きていません――いまのところは。

翅のゆきさき

【日時と場所／二〇二三年十月二十八日・新庄市立図書館】

【話者／最上地方在住の五十代女性：「しんじょう怪談」参加者】


四十年以上前、母が秋田の呉服屋さんに勤めていたときの出来事です。

あるとき、その店の女社長が急逝したらしいんですね。いきなりだったもので、葬儀もかなり慌ただしかったみたいなんですけど——本当に大変だったのは、そのあとで。

大事な書類が一通、行方不明になってしまったというんですね。

経営存続に必須の書類だったんですが、所在を知っているのは亡くなった女社長だけ。どこを探してもまったく見つからず、店員は途方に暮れていたんだそうです。

そうするうちにも提出の期日はどんどん迫ってきて、ついには明日が期限という日になってしまいました。今日じゅうに発見しなければ、お店は畳むしかありません。

やがて夕方、誰もが「もう駄目だ」と諦めていた、そのとき——。

みんなの目の前に一羽の揚羽蝶《あげは》が飛んできて、ひらひら店内を舞ったというんです。

「玄関も窓も閉めているのに、どこから入ってきたんだ」なんて全員が首を傾げるなか、揚羽蝶は迷う様子もなく、奥の和室へまっすぐに飛んでいきました。その部屋には〈秋田黄八丈《きはちじょう》〉という貴重な織物がしまってあり、それらは女社長が管理していたんです。

「……そういえば、この部屋はまだ探してなかったよな」

「だって、ここにあるのは秋田黄八丈だけでしょ。書類なんてないよ」

「いや、でも……」

みなが顔を見あわせるなか、蝶は座敷にある長箪笥の把手《とって》に止まると、まるでなにかを知らせるように、黒い翅を何度も開閉したんだそうです。

まさかと思いつつ箪笥を開けると、まさしく探していた書類が反物の上にそっと置かれていて。おかげで、呉服屋さんは経営を続けることができた——との話でした。

揚羽蝶は、いつのまにか居なくなっていたそうです。その場の誰も、飛び去るところを見ていなかったらしいですけど。

「だからよ、オラも死んだら、なにかをお前に教えるときは蝶の姿で来っからな」

この出来事を語るたび、母はかならず最後にそう言っていました。

残念ながら几帳面な人で死ぬ前に身辺整理をすっかり終えていたもので、三年経ったいまも出てきてくれません。

いかにも母らしいなと思いますが、すこし寂しいですよね。

猿仏

【日時と場所／二〇二三年十月二十八日・新庄市立図書館】
【話者／県内在住の四十代男性：「しんじょう怪談」参加者】

私、現在は県内のお寺で住職を務めておりますが、若いころは福井にあるKというお寺で修行をしておりました。そのころの話をさせていただきます。

このK寺は有名な古刹《こさつ》とゆかりのあるお寺でして、その古刹から派遣された、雲水《うんすい》と呼ばれる修行僧五、六名が管理運営する慣わしになっておりました。

修行の一環ですから、雲水はさまざまな仕事をおこなうわけですが、そのひとつに火の始末や戸締りを就寝前に確認する〈点検〉というものがあります。

〈点検〉は当番制になっており、担当の僧は夜中に広い境内をひとりきりで隅《すみ》から隅まで、懐中電灯の光だけをたよりにまわるのです。これはなかなかどうして心細いものでした。

はい、仏に仕える人間であっても、やっぱり闇は恐ろしいんですよ。

その夜は、Ｂという雲水が〈点検〉の当番を任されておりました。

ところがこのＢは非常に怖がりな男で、普段から単独での夜回りを厭《いと》うていたのです。そこで彼は、Ｃという若い僧を〈点検〉に誘いました。Ｂとは性格が正反対の「生まれてこのかた怖気など感じたことがない」と公言する、豪胆な雲水です。そんな性分の所為で失敗することも暫しでしたが、Ｂはそんな図太さを心強く思って同行を求めたようです。

ふたりは連れだって〈点検〉に向かい、ほどなく無事にお務めを終えると寝室に戻ってきました。ただ――平素と変わらぬ態度のＣに対し、Ｂはどこか怯えた様子で、しきりに「大丈夫かなあ」と呟いているのが、私はすこしばかり気になっていたのです。然《さ》りとて、こちらも「なにが遭ったのか」などと訊ねるような真似はしませんでした。そんなことに時間を割けば、ただでさえ少ない就寝時間が削られてしまうからです。

Ｋ寺での修行は非常に厳しく、朝から晩まで気の休まる暇がありません。唯一、布団に潜っているときだけは苦労から解放されます。いや――正確には寝ることも重要な修行の一環なのですけど。今回の出来事に多少なりとも関わる部分ですし、ここにいらっしゃる大半の方はご存知ないと思いますので、就寝についてすこしだけ説明させてください。

K寺では寝方にも作法があります。二枚の布団をそれぞれ半分に折りたたんで交互に組みあわせ、足の部分を紐で縛って寝袋状にして眠るんです。柏餅の葉っぱに似ているので「かしわ布団」と称されます。さながら布団は柏葉、雲水はお餅と餡子《あんこ》ですね。これは「起きて半畳、寝て一畳」という教えからきているそうです。

さて、かしわ布団にくるまった修行僧たちは複数名がひと部屋に固まって就寝します。私は怖がりのBと同室で、普段は私が廊下側に休み、彼が窓の近くで眠るのが常でした。ところが、その夜にかぎってBは「場所を代わってもらえないか」と懇願するのです。どう見ても〈点検〉が原因なのはあきらかでしたが「詮索するくらいなら、一秒でも早く目を瞑りたい」というのがこちらの嘘偽りない本音でした。かくして私は寝る位置を彼と交換し、窓側でかしわ布団に入ったのです。

真夜中、いきなり眩暈のような感覚に襲われて目が覚めました。

寝ぼけまなこであたりを見ると、何者かが私を布団ごと鷲掴《わしづか》みにしてものすごい力で引きずりまわしているのです。当然ながら部屋は真っ暗で、不届き者の顔は判りません。たしかめようにも布団は寝袋状になっているため、身体の自由が利かないのです。

予想だにしなかった出来事に、私は恐怖をおぼえて――となれば、いかにも怪談向きの展開でしょうが、残念ながら真実は異なります。

貴重な眠りを妨げられ、私はひどく腹を立てたのです。

どこの雲水か知らないが、寝ることの大切さは身に沁みて判っているはずだ。それをこんな悪戯で邪魔するとは、修行僧の風上にもおけない輩《やから》ではないか。かくなるうえは、ひとつ懲らしめてやらねば気が済まない。そう考えた私は、怒りにまかせて強引に布団をこじあけると、隙間から伸ばした手で不審者の腕を掴んだのです。

途端、異様な感覚にギョッとしました。

捕まえた腕がやけに隆起しているのです。まるで脹脛《ふくらはぎ》のような――そう、腕というより足に似た形状なのです。ようやく暗闇に慣れはじめた目を凝らすと、腕とも足ともつかぬ部位は真っ黒、夜よりも濃い色をしているではありませんか。

私は驚きのままに視線を移し、相手の顔を見たのです。

猿でした。

黒い猿——としか表現できない生き物が、私を睨んでいました。

墨色の毛にぼわぼわと覆われている頭。その中央では星のように真っ白な目がふたつ光っています。

と、息を呑む私の腕を振りほどこうと黒猿が力いっぱい暴れはじめました。こちらも布団ごと引きずられながら頑張ってはみたのですが、最後は凄まじい力で振りほどかれてしまったのです。

手が離れた瞬間、私はそいつを捕らえようと布団から飛びだして——。

誰もいませんでした。

部屋は私と眠りこけているB以外誰もおらず、襖も閉ざされています。かしわ布団もはじめに寝た位置からまったく動いていませんでした。

茫然自失となりながら、私の頭の片隅には「貴重な睡眠時間を減らしたくない」との思いも残っていました。はい、それほどまでに修行は過酷なのです。

結局その場は「夢でも見たのだ」と自分に言い聞かせ、私は再び布団に潜りました。

真相が判明したのは、翌日のことです。

朝のお勤めを終えた私は、昨晩起きた出来事を同室のBに語って聞かせました。すると私が喋り終わるより早く、彼が「実は……」と顔色を変えたのです。

Bによると、昨晩〈点検〉で観音堂を確認したおり、観音菩薩像の脇に安置されていた木像を、Cが「なんだこりゃ」と懐中電灯で正面から間近で照らしたのだそうです。

その木像が、ぞっとするほど黒々としていたというのです。

「姿も色艶も禍々しく思えてならず、それで昨夜は〝あんな悪さをして大丈夫かなあ〟と、不安に駆られていたんだ」

告白を聞いて、私は首を捻りました。観音堂には数えきれないほど足を向けていますが、そのような木像の類など一度も目にした憶えがなかったのです。

「ここで喋っていても埒があかない。百聞は一見にしかず、如何《いか》なる像か見てみよう」

という話になり、私はBと一緒に観音堂へ向かったのですが――。

彼の案内で堂内を進むなり「ああ」と声が漏れました。

観音菩薩がおわす傍らへ隠れるように、一体の真っ黒な木像が鎮座していたのです。

模様や飾りのない、つるりと滑らかな――喩《たと》えるなら、小芥子《こけし》に似た形状の像でした。

その顔も、目とおぼしき点がふたつあるばかりで装飾が施されてはいません。

どう見ても仏や菩薩ではない。強いていえば――猿。そう、昨晩目にしたあの黒猿と、姿形も怪しさもそっくりな木像だったのです。

なるほど——昨晩寝る場所を交換したために、私とBを間違えたのだな。それにしても悪さを働いたCではなくBを咎《とが》めるとは、なにやら示唆に富んでいるではないか。

そのようなことを考えながら、私たちふたりは木像に非礼を詫びたのです。

その後は眠りを妨げられるようなこともなく、私は無事に修行を終えました。

あれから月日が経ち、自分もほうぼうの寺を訪れる身となりましたが、あの黒猿に似た木像は、ついぞ見かけたためしがありません。ですから〈あれ〉の正体は、いまも不明のままなのです。

まあ「もう一度見たいか」と問われれば、即座に断ると思いますが。

ええ、仏に仕える身でも、やっぱり得体の知れぬものは恐ろしいんですよ。

あとがき——の代わりに

【日時と場所／二〇二三年十一月六日・筆者自宅】
【話者／四十代女性：怪談売買所「今日の予定」体験者】

もしもし——すいません、いきなりお電話さしあげて。

私の話、憶えていますか。そうですそうです、スケジュールアプリのあれです。

それで今朝、電話が鳴ったんですよ。あ、違います。いま使っているスマホじゃなくて、十五年ほど前に使っていたガラケーです。友だちとのプリクラを何枚も貼っているので、なんとなく捨てられずに押し入れの段ボールへ入れておいたんです。

そのガラケー、いきなり早朝に着メロが鳴りだして。

とっくにキャリアは解約しているし、もう何年も充電していないんですよ。

おそるおそる箱を取りだしガラケーを開いたら、鳴っていたのは目覚ましのアラームだったんですけど——画像フォルダに、撮った記憶のない写真が一枚あるんです。

たぶん——人形だと思うんですけど。

良かったら、ちょっと見てもらえませんか。ガラケーから転送する方法が判らなくて、スマホで再撮影したので画質が粗いんですけど。あ、じゃあすぐに送ります。本に載せてもらっても、私は別に構いません。どうなるかは保証できませんけど。
入れたはずのない予定、明日なんですよ。どうすれば良いんでしょうかね。

（筆者注：翌日、話者よりショートメールで「わたしは大丈夫になります」とメッセージが届く。詳細を訊こうと返信するも現在まで応答なし）

★読者アンケートのお願い

本書のご感想をお寄せください。
アンケートをお寄せいただきました方から抽選で
10名様に図書カードを差し上げます。
（締切：2024 年 1 月 31 日まで）

応募フォームはこちら

怪談怖気帳 屍人坂

2024年1月3日　初版第1刷発行

著者……黒木あるじ
デザイン・DTP……延澤 武
企画・編集……Studio DARA

発行人……後藤明信
発行所……株式会社 竹書房
〒102-0075　東京都千代田区三番町８－１　三番町東急ビル６F
email：info@takeshobo.co.jp
http：//www.takeshobo.co.jp
印刷所……中央精版印刷株式会社